Claudia Wangerin

Die DDR und ihre Töchter

Das Neue Berlin

Textnachweis:

Sarah Kirsch: Gespräch mit dem Saurier. Gedichte von Sarah und
Rainer Kirsch. Verlag Neues Leben, Berlin 1965.

Eva Strittmatter: *Hundert Gedichte. Hrsg. von Klaus Trende.* © Aufbau Verlag
GmbH & Co. KG, Berlin 2001 (erstmals erschienen 1975 in E. S.: *Mondschnee
liegt auf den Wiesen. Gedichte.* im Aufbau Verlag; Aufbau ist eine Marke der
Aufbau-Verlag GmbH & Co. KG)

ISBN 978-3-360-01989-9

1. Auflage
© 2010 Verlag Das Neue Berlin, Berlin

Umschlaggestaltung: Buchgut, Berlin
unter Verwendung eines Fotos von picture-alliance/ZB
Druck und Bindung: CPI Moravia Books GmbH

Ein Verlagsverzeichnis schicken wir Ihnen gern:
Das Neue Berlin Verlagsgesellschaft mbH
Neue Grünstr. 18, 10179 Berlin
Tel. 01805/30 99 99
(0,14 €/Min., Mobil max. 0,42 €/Min.)

Die Bücher des Verlags Das Neue Berlin
erscheinen in der Eulenspiegel Verlagsgruppe.

www.das-neue-berlin.de

Vorbemerkung

Dieses Buch basiert auf Gesprächen mit ehemaligen DDR-Bürgerinnen verschiedener Generationen, auf Presseartikeln aus der Original-Zeit und solchen, die zu Jahrestagen erschienen sind, auf Filmen und Literatur aus der DDR. Für mich eine journalistische Zeitreise, die ich gern unternommen habe – wenn auch nicht ohne zu zögern. Anfangs hatte ich Bedenken, über die DDR und ihre Töchter zu schreiben. Immerhin wurde ich 1976 im Westen Deutschlands geboren, habe die DDR nie zu ihren Lebzeiten besucht und mich journalistisch bisher nur mittelbar über die Vergangenheit geäußert – zum Beispiel in Berichten über Zeitzeugenveranstaltungen und in Buchrezensionen. So wurde der Verlag auf mich aufmerksam. Mit dem Wissen, dass es jede Menge interessanter Zeitzeuginnen gibt, habe ich den Auftrag schließlich doch angenommen. Gerade weil ich mich sonst mit der Gegenwart beschäftige und dabei oft genug mit der DDR konfrontiert werde.

20 Jahre nach ihrem Ende ist sie immer noch ein quicklebendiges Totschlagsargument. Ronald M. Schernikau schrieb über den Antikommunismus sinngemäß, er sei zu 98 Prozent ein Informationsproblem. Die interessanten zwei Prozent, über die dringend gesprochen werden müsse, gingen in der Flut von unsinnigen Argumenten unter.

Wer heute in der BRD über Alternativen zum Kapitalismus nachdenkt, wird schnell in den Kalten Krieg hineingezogen, den die Verteidiger des Status quo in Krisenzeiten gegen die seit 20 Jahren nicht mehr existente DDR führen. Die deutsche Teilung und die Berliner Mauer werden dabei nicht als Resultat des Zweiten Weltkriegs und damit als historische Besonderheit behandelt, sondern als typische Wesensmerkmale des Sozialismus. Linke aller Generationen werden dafür in Haftung genommen. »Seht her, das kommt dabei heraus, wenn die Eliten der freien Marktwirtschaft entmachtet sind, also lasst ihnen die Macht«, lautet die Botschaft.

Wenn es über das aktuelle System nichts Gutes mehr zu sagen gibt, muss als letztes Argument die Mauer herhalten – oder die vermeintliche Einmaligkeit eines Geheimdienstes, der sich im Kalten Krieg mit Spionage beschäftigt und Menschen überwacht hat. Auf dieses Thema spezialisierte DDR-Vergangenheitsbewältiger haben mit der größten Selbstverständlichkeit geschwiegen, als in der BRD die Vorratsdatenspeicherung eingeführt wurde. Sie verlangten auch nicht den Rücktritt des verantwortlichen Ministers, als das Gesetz für verfassungswidrig erklärt wurde. Wer heute Angst hat, bespitzelt zu werden, wird nach ihrer Logik wohl schon etwas ausgefressen haben.

Die »Erinnerungspolitik« wird zur schwarzen Pädagogik der Abschreckung – in einem Land, in dem die Unzufriedenheit wächst und die Wahlbeteiligung sinkt; in dem Kinder ein Armutsrisiko sind und Frauen im Durchschnitt über 23 Prozent weniger Lohn oder Gehalt beziehen als Männer und Verdachtskündigungen Existenzen zerstören. In einer Demokratie, die in der Wirtschaft und im Arbeitsleben bedenkenlos undemokratische Verhältnisse und Willkür zulässt.

Eine sichere Existenz hängt in dieser ausgehöhlten bürgerlichen Demokratie faktisch sehr oft vom Wohlverhalten im Sinne des Systems ab. Nur straft hier nicht allein der Staat, wenn dieses Wohlverhalten ausbleibt oder auch nur die Leistungsfähigkeit eingeschränkt ist. Wer nicht im Sinne der freien Marktwirtschaft funktioniert, wird auch nicht immer durch Einsperren bestraft, sondern mitunter durch Aussperren – bis hin zur Obdachlosigkeit. Wo bezahlte Arbeit Mangelware ist, erfolgt die Disziplinierung und Bestrafung der Unangepassten zum Großteil über deren Lohnabhängigkeit. Aber in der Krise werden auch die Braven und Bescheidenen auf diesem Weg mit bestraft. Wer Lohnersatzleistungen beziehen will, muss einen Teil seiner Bürgerrechte abgeben. Diese Form der Willkür gab es im Sozialismus nicht – deshalb lohnt sich der unvoreingenommene Blick hinter die nicht mehr vorhandene Mauer.

Vielleicht setze ich mich dem Vorwurf aus, einen »Unrechtsstaat« zu verharmlosen, wenn ich mich nicht an der Verteufelung der DDR beteilige. Allerdings gab es im Sinne von »Recht haben und recht bekommen« – und zwar zu jeder Zeit und unabhängig vom Geldbeutel – aus meiner Sicht noch gar keinen Rechtsstaat auf deutschem Boden. Die DDR als einen ganz besonderen Unrechtsstaat hervorzuheben ist eine Verharmlosung kapitalistischer Zumutungen der Vergangenheit und der Gegenwart. Der heutige Status quo ist demzufolge gut, weil man wenigstens sagen darf, dass er schlecht ist – auch wenn das für viele nicht am eigenen Arbeitsplatz gilt. Aber nach Feierabend in der Fußgängerzone ist noch Platz neben den Scientologen und dem Tierschutzverein – da kann auch Systemkritik geäußert werden, wenn es denn unbedingt sein muss. Die DDR hätte da nicht so viel Spaß verstanden.

Die DDR war auch nicht sehr subtil. Agitation und Propaganda waren klar erkenntlich, deshalb konnten sich die Menschen bewusster entscheiden, was sie davon halten wollten. Die Apologeten des Kapitalismus bezeichnen sich gern als ideologiefrei – womit sie für sich in Anspruch nehmen, ein Naturgesetz zu vertreten. Totalitärer geht es gar nicht, aber totalitär sind immer nur die anderen. Die »Sachzwänge« des Kapitalismus werden als natürlich dargestellt. Die Zustände in ärmeren kapitalistischen Ländern werden im Systemvergleich ganz unterschlagen. Wer die Meinungsfreiheit nutzt, um Kritik zu äußern, hat unrecht, weil es die Meinungsfreiheit gibt. Wer trotz Vollzeitbeschäftigung arm ist oder gar keine Chance auf bezahlte Arbeit mehr hat, soll froh sein, dass es die Reisefreiheit gibt. Wer irgendwelche Rebellen verehren will, soll bitte die von 1989 nehmen – und von denen bitte nur die, die heute brav sind; nicht die Undankbaren. Wer hier und heute gegen den Strom schwimmt, kann dafür keinen Heiligenschein erwarten.

Vielleicht ist es eine normale menschliche Reaktion, auf die Freiheit, die man nicht hat, besonders viel Wert zu legen – und die Freiheit, mit der man aufgewachsen ist, für selbstverständlich zu nehmen. In der späten DDR konnte die Freiheit von Existenzangst nicht mehr mit der Reisefreiheit konkurrieren. Aber wer heute Schwierigkeiten hat, seine Miete zu bezahlen, kann für das Recht, am Wochenende nach Paris zu fliegen, nur wenig Dankbarkeit empfinden.

Nein, ich musste diese Reisefreiheit nie missen, aber während der Arbeit an diesem Buch und in den Gesprächen mit Frauen, die einen Teil ihres Lebens in der DDR verbracht haben, ist mir wieder einmal klar geworden, wie sehr heute Existenzangst die Lebensgestaltung beeinflusst – gerade die von Frauen. Denn es gab da mal ein Land, in dem das nicht so war. Eine Frauengeneration, die zum Teil in sehr prekären Arbeitsverhältnissen steckt, daher ihr Leben schlecht im Voraus planen kann und von Politik und Medien kritisch beäugt wird, weil sie unter diesen Umständen wenig Kinder bekommt, sollte sich ihren Blick auf die DDR nicht von gut abgesicherten bürgerlichen Politikern und Konzernmedien vorschreiben lassen.

Freiheit durchsetzen
Emanzipation in Ost und West

Das Thema »Feminismus« war in den neunziger Jahren fast eine Garantie für heißblütige Diskussionen, wenn Frauen aus Ost und West zusammenkamen. Manche von uns konnten es kaum fassen, wenn eine selbstbewusste Ex-DDR-Bürgerin auf die Frage nach ihrem Beruf ganz unbekümmert antwortete: »Ick bin Zahntechniker«, oder: »Ick bin Bauingenieur.« Wie konnten emanzipierte Frauen so wenig Wert auf die korrekte weibliche Form legen?

Während wir uns zeitweise bemühten, die Sprache ordentlich zu »gendern«, indem wir über alle möglichen Menschengruppen stets mit der weiblichen Endung sprachen – FreundInnen, KollegInnen, ArbeiterInnen –, taten sie das noch nicht einmal bei sich selbst. Für sie zählte der Fakt, dass sie einen bestimmten Beruf ausübten – nicht die politisch korrekte Sprache. Sie waren in einer Gesellschaft aufgewachsen, in der vieles selbstverständlicher war. Vor allem das eigene Arbeitseinkommen – und die Vereinbarkeit von Beruf und Familie. Inzwischen gibt es wieder eine gesamtdeutsche Frauengeneration, die ohne diese Selbstverständlichkeiten aufgewachsen ist. Vorher prallten nicht nur sprachlich Welten aufeinander, sondern auch inhaltlich – von der Arbeitsethik bis zur Sexualität.

Ein linkes, emanzipatorisches Selbstverständnis war für Frauen in der BRD schon immer eine Suche nach dem richtigen Leben im falschen. Die Erwerbsarbeit erwies sich dabei als zweischneidiges Schwert: Einerseits versprach sie die Unabhängigkeit von einem Ernährer, auf der anderen Seite bedeutete sie oft eine subjektiv als härter empfundene Fremdbestimmung – und meistens die Abhängigkeit von einem Unternehmer. Die Wahrheit ist immer konkret – und in manchen Firmen verkam die wirtschaftliche Unabhängigkeit der Frau zum abstrakten Begriff. Besonders dann, wenn ihr die Arbeitsmarktsituation keinen Wechsel erlaubte. Traditionell waren die BRD-Gewerkschaften stärker in den Branchen organisiert, die überwiegend Männer beschäftigten. Frauen arbeiteten seltener in Großbetrieben als Männer, und in den Kleinbetrieben der Privatwirtschaft waren patriarchalische Verhältnisse keine Seltenheit. Der Chef sah sich als Familienoberhaupt – natürlich ohne seinen Lebensstandard mit dem Rest der »Familie« zu teilen. Stattdessen wurde auf diesem Weg psychischer Druck ausgeübt. Hinzu kam die Entfremdung der Arbeit, die in der DDR zwar nicht aufgehoben, aber in mancher Hinsicht entschärft war.

Im Westen blieb der gesellschaftliche Sinn der Arbeit oft verborgen. Am stärksten konnten sich wohl noch Frauen im öffentlichen Dienst und Akademikerinnen mit ihrer Arbeit identifizieren, sofern sie eine Stelle fanden, die ihrer Qualifikation entsprach. Die Kreativen mussten häufig eine Zweiteilung vornehmen – zwischen der Arbeit, in der sie sich wiedererkannten, und den Jobs, mit denen sie sich finanziell über Wasser hielten. Andere kannten überhaupt nur solche Jobs; und das mitunter auch in Vollzeit.

Entfremdete Arbeit wie strukturelle Arbeitslosigkeit ließen es im Westen für beide Geschlechter fragwürdig erscheinen, ob noch so etwas wie eine ethische Verpflichtung zur Arbeit bestand. Viele Jugendliche kamen zu dem Schluss, dass es legitim sei, das Spiel nicht mitzuspielen. Die Umweltbewegung, mit der in den siebziger Jahren viele Frauen zu sympathisieren begannen, sowie anarchistische Strömungen stellten die Konsumgewohnheiten des modernen

Wachstumskapitalismus infrage – und damit auch einen Teil der Erwerbsarbeit. Wer sich die Sinnfrage stellte, fand im Westen weniger Gründe, um Sekundärtugenden zu pflegen. Das erklärt heute noch große Mentalitätsunterschiede in Ost und West.

Nach 1990 war Arbeitslosigkeit für die Töchter und Söhne der DDR eine schlimmere Demütigung als für Westdeutsche, die schon mit dem Bewusstsein aufgewachsen waren, dass es Arbeitslosigkeit gibt. Ein Teil der Betroffenen hatte sich trotz der Stigmatisierung als »Sozialschmarotzer« damit arrangiert und wollte nicht mehr mit den Arbeitssuchenden konkurrieren. Für Frauen bot sich außerdem die Rückkehr zum traditionellen Rollenbild als Alternative an.

In der DDR hatte die Arbeit einen anderen Stellenwert. Sie wurde nicht immer geliebt, aber sie gehörte zum Leben. Und obwohl man ohne Angst vor Arbeitslosigkeit auch entspannter arbeiten konnte, wurde sie in mancher Hinsicht ernster genommen – das betonen gerade ältere Frauen aus dem Osten, deren Generation im Westen Deutschlands noch stark hausfraulich geprägt ist. Auch wenn sich nicht alle gleichermaßen mit ihrem Beruf identifizieren konnten, bedeutete Arbeit in der DDR doch Unabhängigkeit. Prekäre Jobs für die Frau als bloße Hinzuverdienerin waren politisch nicht gewollt. Außerdem war der gesellschaftliche Sinn der Arbeit leichter zu vermitteln – gerade weil es sich nicht um eine Überflussgesellschaft handelte.

Gleichzeitig musste niemand eine übertriebene Identifikation mit seiner Arbeit heucheln. Westdeutsche Touristen beklagten sich oft über das ungewohnte Verhalten von Kellnern und Verkäuferinnen in der DDR, denen marktwirtschaftliche Prinzipien wie »Der Kunde ist König« und »Wer zahlt, schafft an« völlig fremd zu sein schienen. Der Kunde war für sie ein gewöhnlicher Mensch, der sich selbstverständlich auch mal irren konnte. Die Kellnerin und der

Verkäufer standen nicht unter ihm. Sie machten einfach ihre Arbeit und mussten keine Angst haben, ihren Job zu verlieren, wenn sie ihn nicht wie einen König behandelten. Das war ein Ausdruck von Freiheit, auch wenn es für den, der eine missgelaunte Verkäuferin antraf, eben kein freundliches Lächeln bedeutete. Wer einen Laden mit der Einstellung betritt, dass er für diese Freiheit bereit ist, auf ein künstliches Lächeln zu verzichten, der bekommt mit höherer Wahrscheinlichkeit ein echtes.

In der BRD war und ist das Verhältnis von Schein und Sein in der Arbeitswelt ein anderes. Der gesellschaftliche Sinn einer Tätigkeit bestimmte nur selten ihr Ansehen und die Verdienstmöglichkeiten. Mitunter wurde der Verdienst gleich ganz durch die Ehre ersetzt. Soziale und gesellschaftlich sinnvolle Aufgaben wurden zu einem erheblichen Teil auf das Ehrenamt abgewälzt, während zum Beispiel in der Werbebranche gutes Geld verdient wurde. Als in den siebziger und achtziger Jahren das Stigma der »Rabenmutter« für berufstätige Frauen mit Kindern an Bedeutung verlor, wurde es zugleich auf dem Arbeitsmarkt enger. Während die Gewerkschaften Arbeitszeitverkürzungen forderten, gaben Konservative den berufstätigen Frauen die Schuld.

So etwas glaubten die Frauen im anderen Teil Deutschlands überwunden zu haben. Als ihr Staat aufhörte zu existieren, kam es zu ihnen zurück. In den neunziger Jahren hatten viele Frauen schmerzliche Aha-Erlebnisse. Die Abwicklung der Volkswirtschaft der DDR verbannte sie nicht nur massenhaft aus dem Arbeitsleben, es wurde auch noch erwartet, dass sie sich diskret aus der Arbeitslosenstatistik verabschiedeten, indem sie sich mit der Hausfrauenrolle zufriedengaben. Für die florierende Arbeitslosigkeit im neuen Bundesland Sachsen machte der damalige Ministerpräsident Kurt Biedenkopf – ein Westimport mit CDU-Parteibuch –

die »überhöhte Erwerbsneigung« der Frauen verantwortlich. Das Prinzip von Angebot und Nachfrage funktionierte in diesem Punkt nicht.

Das Problem war in der alten BRD längst bekannt. Seit die Wirtschaftswunderjahre zu Ende waren, verschärfte sich die Konkurrenz unter den Arbeitssuchenden und Lohnabhängigen. Die Verhandlungsposition der Berufseinsteiger verschlechterte sich – und erst recht die der Frauen, die nach einer Kinderpause wieder einsteigen wollten. Durch die leichte Ersetzbarkeit der meisten Arbeitskräfte litt häufig auch das Arbeitsklima in den Betrieben. Unter der angespannten Situation auf dem Arbeitsmarkt empfanden Frauen die Erwerbsarbeit nicht als Ausdruck der Emanzipation, sondern als Last. Wenn sie nicht zwingend notwendig war, um den Unterhalt der Familie zu sichern, war die Hausfrauenrolle eine Rückzugsmöglichkeit, die das weibliche Geschlecht traditionell nicht entehrte.

Die Verbindung von Erwerbsarbeit und Selbstverwirklichung gelang nur wenigen. In der BRD konnten zwar häufiger Studiengänge nach Neigung belegt werden als in der DDR. Die Ernüchterung kam allerdings später, wenn die erworbene Qualifikation auf dem Arbeitsmarkt nicht gefragt war – und die Fähigkeit zur Selbstvermarktung spielte oft keine geringere Rolle als die fachliche Kompetenz. Die professionelle Vorbereitung auf Bewerbungen entwickelte sich zum eigenen Wirtschaftszweig. Frauen wurden und werden dabei besonders genötigt, über Äußerlichkeiten nachzudenken: Was ist zu burschikos, was zu sexy? Sitzt da ein Personalchef oder eine Chefin? Muss ich mir für das Vorstellungsgespräch ein Kostüm kaufen, das ich privat nie anziehen würde? Darf eine Sekretärin überhaupt kurzgeschnittene Fingernägel haben? Kann eine Ingenieurin klassisch feminin aussehen, oder wird sie dann nicht ernst genommen?

Vorurteile gab es in beiden Teilen Deutschlands, aber zum Tragen kamen sie vor allem dort, wo es um geschickte Eigenwerbung ging. Kinder waren dabei für Bewerberinnen ein weitaus größerer Minuspunkt als für Bewerber. Daran hat sich bis heute in der BRD nicht viel geändert.

In der DDR waren viele Probleme gesamtgesellschaftlich gelöst oder zumindest angegangen worden, für die westdeutsche Frauen individuelle Lösungen finden mussten. Oft blieben diese Lösungen unvollkommen. Irgendjemand mäkelte immer daran herum. Frauen, die es schafften, Beruf und Familie unter einen Hut zu bringen, taten dies nur selten zur permanenten Zufriedenheit aller Beteiligten. Irgendeiner zerrte immer an ihnen – wenn sie allen Anforderungen gerecht wurden, blieben ihre persönlichen Interessen auf der Strecke.

Frauen, die zu Hause bei den Kindern blieben, taten das nicht immer aus einem konservativen Rollenverständnis, sondern auch bedingt durch Arbeits- und Perspektivlosigkeit oder fehlende Betreuungsmöglichkeiten. Da Frauen im Durchschnitt weniger Geld verdienten als Männer, entschieden sich viele Paare aus wirtschaftlichen Gründen für die althergebrachte Rollenverteilung, sobald das erste Kind geboren war. Viele Mütter begannen erst nach Jahren wieder in Teilzeit zu arbeiten. Manche entschieden sich ganz für das Hausfrauendasein, weil ihnen im Erwerbsleben nur schlecht bezahlte Tätigkeiten mit geringem Ansehen offenstanden. Dazu konnte es trotz Berufsausbildung kommen, wenn diese nicht »marktgerecht« war oder wenn jungen Müttern die nötige Flexibilität für den erlernten Beruf nicht mehr zugetraut wurde.

Feministischer Blick

Die feministische Kritik am »Familienlohn« erhielt einen bitteren Beigeschmack, als sich unter diesen Rahmenbedingungen die Norm der Doppelverdiener-Familie durchsetzte: »Was macht es schon, dass die hinter dem neuen Leitbild verborgene Realität in abgesenkten Entlohnungsniveaus besteht, in verminderter Arbeitsplatzsicherheit, sinkenden Lebensstandards, einem steilen Anstieg der pro Haushalt geleisteten Lohnarbeitsstunden, verschärften Doppelschichten – jetzt oft schon dritte und vierte Schichten – und einer Zunahme der Zahl weiblicher Haushaltsvorstände?« Diese Frage warf die Politikwissenschaftlerin Nancy Fraser im Rückblick auf rund 40 Jahre Neue Frauenbewegung in der Zeitschrift »New Left Review« im März 2009 auf. Fraser selbst ist eine der bekanntesten nordamerikanischen Feministinnen – und heute davon überzeugt, dass die Neue Frauenbewegung eine wesentliche Gefahr unterschätzt hat: »Der desorganisierte Kapitalismus macht aus Scheiße Gold, indem er über die neue Geschlechtergerechtigkeit fabuliert und darüber, wie herrlich weit die Frauen es doch gebracht hätten.«

Daraus ergibt sich auch der tiefe Graben zwischen Feministinnen und »normalen« Frauen. Die sehen zwar gewisse Errungenschaften der Frauenbewegung als ihre selbstverständlichen Rechte an – wie etwa das Recht, eine unglückliche Beziehung oder Ehe nicht weiterführen und eine ungewollte Schwangerschaft nicht austragen zu müssen –, sie wollen aber deshalb nicht zwangsläufig etwas mit Feminismus zu tun haben. Je nach Definition bewerten sie ihn sogar ausgesprochen negativ, auch wenn sie selbst keineswegs Heimchen am Herd sind. Es geht ihnen nicht um Ideologie, sondern um Lebensqualität.

Zu einer grundlegenden Systemkritik konnten sich in der BRD nur wenige Feministinnen entschließen. Eine von ihnen ist Frigga Haug, die 1937 in Mülheim an der Ruhr geboren wurde. In ihrem 2008 erschienenen Buch »Die Vier-in-einem-Perspektive« geht die Philosophin davon aus, dass zu einem erfüllten Menschenleben vier Tätigkeitsfelder gehören, die gleichberechtigt nebeneinander stehen: Erwerbsarbeit, Fürsorge- oder Reproduktionsarbeit, Arbeit an der Gesellschaft und Arbeit an sich selbst, zum Beispiel in Form von Weiterbildung, Sport und Kultur. Sowohl Frauen als auch Männer sollen demnach die Möglichkeit haben, neben der Erwerbsarbeit sorgende Tätigkeiten für sich selbst, ihre Familie und ihre Freunde zu verrichten, sich politisch zu engagieren, aber auch ihren eigenen Interessen im künstlerischen, musikalischen oder sportlichen Bereich nachzugehen. Grundvoraussetzung für die Massentauglichkeit dieses Lebensmodells ist aber die gerechte Verteilung der Erwerbsarbeit auf alle gesunden Schultern.

In der DDR war diese Voraussetzung weitgehend erfüllt, aber die Produktivkraftentwicklung reichte noch nicht aus, um die Arbeitszeit so zu verkürzen, dass arbeitende Mütter und Väter, die sich zudem noch politisch und gesellschaftlich engagierten, immer genug Zeit für sich selbst, ihre persönlichen und kulturellen Interessen gehabt hätten. Frigga Haug geht heute von vier Stunden aus, die täglich für klassische Erwerbsarbeit reserviert wären, wenn diese gerecht verteilt und an den Notwendigkeiten des Gemeinwohls orientiert wäre. Mit diesem Denkansatz sympathisieren heute linke Frauen verschiedener Strömungen in Ost und West – darunter auch die Vizechefin der Linkspartei, Katja Kipping, geboren 1978 in Dresden, damals noch DDR.

Aber die Zeiten, in denen Feministinnen fast zwangsläufig links standen, sind vorbei. Im Kampf gegen den Abtreibungsparagrafen 218 waren bürgerliche Feministinnen in der BRD noch mit den Frauen und Männern der außerparlamentarischen Linken vereint oder standen sogar an vorderster Front. Eine zündende Idee hatte Alice Schwarzer aus Frankreich mitgebracht: 1970 hatten sich in der Zeitschrift »Le Nouvel Observateur« 343 Französinnen zur Abtreibung bekannt, darunter Simone de Beauvoir und die Schauspielerin Catherine Deneuve. Am 6. Juni 1971 veröffentlichte der »Stern« auf seinem Titel mit der Schlagzeile »Wir haben abgetrieben« die Bilder und Namen von 28 Frauen. »Wir fordern das Recht auf die von den Krankenkassen getragene Schwangerschaftsunterbrechung«, beschrieb Alice Schwarzer das Ziel der Kampagne. Angefügt war eine Unterschriftenliste mit 374 Namen, darunter Prominente wie Romy Schneider und Carola Stern. Die Kampagne hat maßgeblich dazu beigetragen, dass ein Schwangerschaftsabbruch in der BRD ohne Strafverfolgung möglich ist.

Aufgrund solcher Verdienste behielten bürgerliche Feministinnen vom Typ Schwarzer, die sich später in vielen Punkten nach rechts entwickelten, noch für lange Zeit großen Einfluss auf Frauen, die sich zur außerparlamentarischen Linken zählten. Denn auch hier fühlten sich Frauen von Männern nicht immer ernst genommen und konnten durchaus patriarchalische Züge an ihnen entdecken. Deshalb teilten linke Frauen und bürgerliche Feministinnen wesentlich öfter die Kritik an männlichen Verhaltensweisen im Alltag, als sie in ihren politischen Schwerpunkten übereinstimmten.

Die bürgerliche Prägung der tonangebenden BRD-Feministinnen war daran abzulesen, wie sehr sie die Belange der Frau aus dem Bildungsbürgertum in den Vordergrund stellten. Es ging um Spitzenpositionen – und um die »gläserne Decke«, an die vergleichsweise privilegierte Frauen in Wirtschaft und Politik stoßen, wenn sie ganz nach oben wollen. Die Lage der Frauen aus weniger privilegierten Schichten blieb oft unbeachtet.

Auch die Situation der Migrantinnen in der BRD wurde von bürgerlichen Feministinnen erst lange nach der deutschen Wiedervereinigung aufgegriffen – und das oft sehr einseitig, begrenzt auf die Kritik an muslimischen »Parallelgesellschaften«. Nur selten wurde in diesem Zusammenhang erwähnt, dass der Sozialabbau nach 1990 gerade Frauen den Ausstieg aus solchen konservativen Clan-Strukturen erschwerte. Mit der sogenannten Arbeitsmarktreform Hartz IV wurde im Januar 2005 das Ernährerprinzip gestärkt – auch feministisch angehauchte Grünen-Politikerinnen hatten ihren Segen dazu gegeben. Der Anspruch auf Lohnersatzleistungen hängt seither für verheiratete Frauen und Männer vom Partnereinkommen ab.

Zu einer radikalen Kritik an dieser neoliberalen Reform konnte sich auch Deutschlands bekannteste Feministin Alice Schwarzer nicht durchringen. Stattdessen unterstützte sie als Herausgeberin der Zeitschrift »Emma« den Wahlkampf der späteren Bundeskanzlerin Angela Merkel, die den Grad ihrer Sorge um das Wohl der arbeitenden Frauen mit dem Spruch »Wir brauchen einen Niedriglohnsektor« gezeigt hatte. Gewerkschafterinnen waren zu diesem Zeitpunkt der Meinung, dass es schon längst einen Niedriglohnsektor gab – sie waren darüber gar nicht so glücklich und rechneten zudem vor, dass überwiegend Frauen in diesem Sektor beschäftigt waren.

Nichtsdestotrotz wurde Angela Merkel, in der DDR promovierte Physikerin und ehemalige Funktionärin der Freien Deutschen Jugend sowie seit 1990 Mitglied der Christlich Demokratischen Union, im Jahr 2005 die erste deutsche Bundeskanzlerin. Die sozialistische Gesinnung hatte sie an den Nagel gehängt, nicht aber das Selbstbewusstsein, das sie als Frau in der DDR aufbauen konnte.

Die Quittung für ihre Systemblindheit bekommen Feministinnen der Generation Schwarzer heute im Westen

Deutschlands vor allem von jüngeren Frauen, die sich nicht selten fragen: »Was hat uns das ganze Emanzengedöns denn gebracht außer einem Haufen Arbeit und weichgespülten Männern?«

Der bürgerliche Feminismus, der in Schwarzers Wahlkampf für die CDU-Kanzlerin gipfelte, hat allerdings wenige Jahre zuvor noch linksautonome Feministinnen beeinflusst – zumindest in ihrer Verteufelung tatsächlicher oder vermeintlicher Pornografie. Im Zuge ihrer »PorNO«-Kampagne von 1987 hatte Schwarzer mit der späteren Justizsenatorin von Hamburg und Berlin einen Gesetzentwurf gegen Pornografie vorgelegt, der das bisher geltende Strafgesetz ablösen sollte. Außerdem bezeichnete sie erotische Aktfotografien von Helmut Newton als »faschistisch«. Schwarzer illustrierte den Artikel gleich mit 19 Fotos ohne Abdruckgenehmigung und wurde später verurteilt, Schadenersatz zu zahlen.

Feminismus trifft Ostfrau

In der DDR hatten sich die Leserinnen der Unterhaltungszeitschrift »Das Magazin« weniger an der Abbildung weiblicher Nacktheit gestört als an der Abwesenheit männlicher Nacktheit. 1974 hatte dies zu einer breiten Leserbrief-Diskussion geführt: »Alle hier anwesenden Frauen bitten ›Das Magazin‹, aufgrund der Gleichberechtigung der Frau in Zukunft wenigstens im März anlässlich des Frauentages das Aktfoto eines Mannes zu veröffentlichen«, schrieb eine Frauenfeiertagsgesellschaft. Ein männlicher Leser empfand es sogar als Diskriminierung seines Geschlechts, dass bis dato nur die Schönheit des weiblichen Körpers gewürdigt worden war. Im Februar 1975 wurde dann endlich dem Wunsch der Leserinnen und Leser nach einem nackten Mann entsprochen.

Die Tendenz zur Sexualfeindlichkeit war ein berechtigter Kritikpunkt vieler Ostfrauen an Westfeministinnen, und sie war auch ein wichtiger Grund, warum der Feminismus von einem Großteil der jüngeren Frauen in Ost und West abgelehnt wurde. Dieses Problem teilten linke Feministinnen mit bürgerlichen.

Während die bürgerlichen nach Macht und Anerkennung strebten, entzogen sich linke, autonome Feministinnen so weit es ging der Gesellschaft, die sie kurzfristig nicht ändern konnten. Einige gründeten alternative Frauencafés oder Frauenbuchläden. Manche sahen den Feminismus als wichtiges Kernelement zur Befreiung der Menschheit an, organisierten sich aber politisch in »gemischten« Gruppen, wo sie versuchten, das Bewusstsein in ihrem persönlichen Umfeld zu ändern. Dabei unterzogen sie gerade die Männer einer besonders radikalen Kritik, die ihnen weltanschaulich am nächsten standen. Andere organisierten sich politisch in reinen Frauengruppen, lebten in Frauenwohngemeinschaften und lehnten heterosexuelle Kontakte nicht nur aus persönlicher Neigung, sondern auch aus politischen Gründen ab: Sex mit Männern war aus ihrer Sicht Kollaboration mit dem Patriarchat.

Viele der ehemaligen DDR-Bürgerinnen, die mit dieser Ideologie in Kontakt kamen, brachten Feminismus in erster Linie mit Männerhass in Verbindung. Anstelle eines gesunden Selbstbewusstseins bei den Westfrauen stellten sie eine grobe Verunsicherung bei den Westmännern fest: »Als ich aus dem Osten in den Westen kam, habe ich mich wohl ähnlich gefühlt wie eine Frau, die aus Lateinamerika nach Europa kommt – nämlich als Frau nicht mehr existent«, sagt Simone, Jahrgang 1963 und gelernte Elektrikerin. »In der DDR war es so: Da wurde geflirtet. Da bekam man als Frau auch mal mitten auf der Straße ein Kompliment oder einen Strauß Blumen in die Hand oder wurde zum Kaffee eingeladen. Männer und Frauen haben sich durchaus wahrgenommen. Und im Westen war das plötzlich weg – da habe ich nur lauter verunsicherte Männer gesehen, die sich nicht mal mehr getraut haben, mir die Tür aufzuhalten.« War die Prüderie der Nachkriegszeit später nur mit anderen Vorzeichen versehen worden? – Nein, ganz so einfach war es nicht.

Ihren Ursprung hatte die feministische Tendenz zur Sexualfeindlichkeit im berechtigten Ärger der Frauen darüber, wie egoistisch manche Männer die »sexuelle Revolution« der Studentenbewegung von 1968 auslegten. Der Spruch »Wer zweimal mit derselben pennt, gehört schon zum Establishment« wurde zwar dem Vernehmen nach selten dogmatisch befolgt, aber manch ein Revoluzzer sympathisierte durchaus mit dem Gedanken, sich unter dem Deckmantel der freien Liebe eine Art Harem zuzulegen. »Es gab einen Patriarchen, der über alle herrschte; er befahl, und die anderen gehorchten«, schrieb Gretchen Dutschke später über den bekannten Aktivisten Dieter Kunzelmann, der seine Freundinnen mitunter benutzte, um Paarbeziehungen zu torpedieren, die er für kleinbürgerlich hielt. »Wie konnten Menschen, die vorgaben, Revolutionäre zu sein, sich wie Konkubinen und Untertanen verhalten.«[1]

Auf der 23. Delegiertenkonferenz des Sozialistischen Deutschen Studentenbundes (SDS) in Frankfurt am Main kam es am 13. September 1968 zu einem Eklat, der als »Frankfurter Tomatenwurf« in die Geschichte einging und für viele den Beginn der »Neuen Frauenbewegung« markiert. Die Delegierte Helke Sander hatte eine Rede gehalten, in der sie den männlichen SDS-Mitgliedern vorwarf, die spezifische Ausbeutung der Frauen im privaten Bereich zu tabuisieren, und den SDS als »Spiegelbild gesamtgesellschaftlicher Verhältnisse« bezeichnete. Weil die männlichen Delegierten nicht bereit waren, ihre Thesen zu diskutieren, und der nächste Redner, Hans-Jürgen Krahl, mit keinem einzigen Wort auf den Beitrag einging, bewarf die Berliner Studentin Sigrid Rüger ihn und den SDS-Vorstand mit Tomaten.

In der DDR war wenige Monate zuvor im Volksentscheid mit 94,49 Prozent Ja-Stimmen eine sozialistische Verfassung angenommen worden. »Mann und Frau sind gleichberechtigt und haben gleiche Rechtsstellung in allen Bereichen des gesellschaftlichen, staatlichen und persönlichen Lebens«, stand in Artikel 20. »Die Förderung der Frau, besonders in der beruflichen Qualifizierung, ist eine gesellschaftliche und staatliche Aufgabe.« Diese Politik hat ihre Spuren hinterlassen.

»Die Westfrauen waren der Meinung, sie müssten uns armen Ostfrauen erklären, wie es richtig laufen sollte. Die wollten uns dabei helfen, unsere Freiheit durchzusetzen«, so die Schauspielerin Walfriede Schmitt über ihre ersten Begegnungen mit westdeutschen Feministinnen nach 1989.[2] »Nur leider waren die drüben viel weiter zurück als wir. Selbst die Abtreibung war im Westen ja noch halbwegs illegal. Wenn du in der DDR abtreiben lassen wolltest, dann musstest du keinem Rede und Antwort stehen. Mal abgesehen davon, dass es im Westen viel mehr Hausfrauen gab.«

---

1 Dutschke, Gretchen: Wir hatten ein barbarisches, schönes Leben. Rudi Dutschke. Eine Biographie. Frankfurt am Main und Wien 1997, S. 83.

2 Souveräne Frauenkraft. Interview mit Walfriede Schmitt. In: Neues Deutschland, 27.2.2010.

Clara Zetkin und ihre Schwestern
Pionierinnen und Traditionen

Die erste Generation junger Frauen, die in der DDR lebte, war im Faschismus aufgewachsen und mehrheitlich durch Zensur, Repression und Gehirnwäsche von den Emanzipationskämpfen der jüngeren Geschichte getrennt worden. In Form von Straßennamen und Denkmälern finden sich auf dem Gebiet der ehemaligen DDR immer noch Zeugnisse einer Kultur der Erinnerung an revolutionäre Persönlichkeiten. Es war der Versuch, diesen grauenvollen Bruch zu überwinden, der nicht zuletzt in der Ermordung solcher Persönlichkeiten bestand. Um nach der militärischen Befreiung vom Faschismus eine echte antifaschistische Identität zu schaffen, ohne die deutsche Identität als eine Art Makel zu begreifen, brauchte man Vorbilder, die in Deutschland gelebt und gewirkt hatten.

In der kommunistischen Bewegung Deutschlands, die aus dem revolutionären Flügel der Sozialdemokratie hervorgegangen war, spielten Frauen von Anfang an eine wichtige Rolle. Rosa Luxemburg und Clara Zetkin sind nur die bekanntesten unter ihnen. Rosa Luxemburg wurde in erster Linie als Kämpferin gegen den imperialistischen Krieg populär. Wegen dieser Haltung, ihres Intellekts und ihres entschlossenen Auftretens wurde die 1919 ermordete Mitbegründerin der KPD zum Vorbild für Frauen, die um ihre Emanzipation und gegen jede Art von Unterdrückung kämpften; sie hatte sich aber nie auf Frauenpolitik spezialisiert.

Die frühen Pionierinnen der proletarischen Frauenbewegung in Deutschland sind heute namenlos. Was später Klasseninstinkt genannt wurde, entstand in den meisten Fällen durch Lebensverhältnisse, die es diesen Frauen kaum erlaubten, ihre Erfahrungen und alltäglichen Kämpfe für die Nachwelt zu dokumentieren. Clara Zetkin, deren Name in diesem Zusammenhang fast allen zuerst einfällt, war sich dessen bewusst.

Nach der Kommunistin und Frauenrechtlerin Clara Zetkin, die 1857 im sächsischen Wiederau geboren wurde und 1933 in Archangelskoje bei Moskau starb, wurden später in der DDR Schulen und Straßen benannt. Sie selbst bezog sich zum Teil auf französische Vorkämpferinnen.

»Von manchen Frauen, die vor langen Jahren die mühselige und opferreiche Arbeit der ersten Aufklärungs- und Organisationstätigkeit unter dem weiblichen Proletariat geleistet haben, gelten die Worte: gestorben, verdorben, zerstreut«, schrieb sie in ihrer Studie »Zur Geschichte der proletarischen Frauenbewegung Deutschlands«, die 1928 veröffentlicht wurde. »Die wichtigsten Aufschlüsse, die sie über die Kindheitsgeschichte der klassenbewussten proletarischen Frauenbewegung geben könnten, haben sie mit ins Grab oder in die Weite genommen. Die Lebensbedingungen haben allen Trägern und Trägerinnen der frühesten Bewegung verwehrt, die Schätze des Materials zu sammeln und zu sichten, die ihre Kästen und ihre Erinnerungen bergen.«

Bevor Clara Zetkin Ende des 19. Jahrhunderts als sozialistische Frauenrechtlerin bekannt wurde, hatten Karl Marx und Friedrich Engels das Elend der arbeitenden Frauen in den Frühzeiten der Industrialisierung beschrieben. Als 1845 Engels' Buch »Die Lage der arbeitenden Klasse in England« erschien, war dort soeben der Arbeitstag für Frauen gesetzlich auf zwölf Stunden sowie für Kinder auf 6,5 Stunden begrenzt worden – was aus damaliger Sicht als Fortschritt betrachtet werden musste.

Für Marx und Engels änderte es natürlich nichts am grundlegenden Charakter des Systems. Zugleich erkannten sie aber die Chancen der industriellen Frauenarbeit. Sie sahen die Frau in der Fabrik als gleichwertige Kampfgefährtin des Mannes, weil sie dort nicht isoliert war wie am heimischen Herd, sondern Gemeinschaft erlebte, die Möglichkeit hatte zu streiken, um soziale Forderungen durchzusetzen, und lernte, dass Solidarität eine Waffe sein konnte.

Im »Kapital« von Karl Marx heißt es: »So furchtbar und ekelhaft nun die Auflösung des alten Familienwesens innerhalb des kapitalistischen Systems erscheint, so schafft nichtsdestoweniger die große Industrie mit der entscheidenden Rolle, die sie den Weibern, jungen Personen und Kindern beiderlei Geschlechts in gesellschaftlichen Produktionsprozessen jenseits der Sphäre des Hauswesens zuweist, die neue ökonomische Grundlage für eine höhere Form der Familie und des Verhältnisses beider Geschlechter.« Die Emanzipation der Frauen – und nicht nur einiger weniger – war für die Autoren des »Kommunistischen Manifests« nicht von der Befreiung der arbeitenden Klasse zu trennen.

Ein weiterer Mann, der sich dem Thema widmete, war August Bebel. Der 1840 geborene Autodidakt und gelernte Drechsler fühlte sich dem Marxismus verbunden und war Gründungsmitglied der Sozialdemokratischen Arbeiterpartei (SDAP). 1875 war er an der Vereinigung mit dem Allgemeinen Deutschen Arbeiterverein zur Sozialistischen Arbeiterpartei Deutschlands (SAP) beteiligt. Auf dem Gothaer Parteitag beantragte er, die Forderung nach dem allgemeinen, gleichen und geheimen Wahlrecht für alle Staatsbürger um die Forderung nach dem Wahlrecht für Frauen zu ergänzen.

Doch das war für August Bebel nur »Stückwerk«, das noch keine wirkliche Befreiung versprach. 1879 hatte er sein Werk »Die Frau und der Sozialismus« fertiggestellt, das direkt nach seinem Erscheinen in Deutschland verboten wurde. Großen Eindruck muss es auf eine junge Lehrerin gemacht haben, die gerade zur SAP gestoßen war, als sie durch das Bismarcksche Sozialistengesetz von 1878 mit einem Berufsverbot belegt wurde. Clara Zetkin würdigte Bebels Engagement in dieser Frage auch noch zu einem Zeitpunkt, als sie sich längst von der Sozialdemokratie verabschiedet hatte und der Kommunistischen Partei Deutschlands beigetreten war.

In »Die Frau und der Sozialismus« hatte Bebel politischen Weitblick bewiesen: »Eine volle und ganze Lösung der Frauenfrage – worunter ich verstehe, dass sie dem Manne gegenüber nicht nur von Gesetzes wegen gleichsteht, sondern auch ökonomisch frei und unabhängig von ihm und in geistiger Ausbildung ihm möglichst ebenbürtig sei – ist unter den gegenwärtigen gesellschaftlichen und politischen Einrichtungen ebenso unmöglich wie die Lösung der Arbeiterfrage.« Um diese Frage zu lösen, hielt Bebel »die gänzliche Umgestaltung der Gesellschaft und ihren Aufbau auf sozialistischer Grundlage« für nötig: »Einen zweiten Weg gibt es nicht.«

Während der Repression durch das Sozialistengesetz blieb Bebel standhaft und entwickelte sich zur zentralen Figur der deutschen Sozialdemokratie. 1892 wurde er einer der beiden Vorsitzenden der Partei, die sich nach dem Auslaufen des Sozialistengesetzes 1890 als Sozialdemokratische Partei Deutschlands neu konstituiert hatte.

Der politische Weitblick verließ August Bebel, als der Erste Weltkrieg bevorstand. Auf dem Essener Parteitag der SPD im September 1907 erklärte er, wenn es zum Krieg gegen den russischen Zarismus »als Feind aller Kultur und aller Unterdrückten« komme, werde er als »alter Knabe« sogar noch »die Flinte auf den Buckel nehmen«. Den Kriegsbeginn 1914 erlebte er allerdings nicht mehr, da er ein Jahr zuvor an Herzversagen starb. »Bebels entscheidender Fehler war es, das Wesen des Imperialismus nicht richtig erkannt zu haben«, so der marxistische Historiker Nick Brauns.

»Dort kämpfen, wo das Leben ist« – von der SPD zur KPD

Clara Zetkin, die Bebels Werk als junge Exilantin las, war als Jugendliche mit ihrer Familie nach Leipzig gezogen. Im Lehrerinnenseminar von Auguste Schmidt kam sie mit der bürgerlichen Frauenbewegung in Kontakt, wo sie alsbald vor einer Radikalisierung gewarnt wurde. Ihre Lehrerinnen drängten sie, sich von den »schrecklichen Menschen und Volksverderbern« fernzuhalten, denen sie im Leipziger Arbeiterbildungsverein begegnete.

Doch die 21-Jährige brach lieber den Kontakt zur bürgerlichen Frauenbewegung ab und schloss sich der SAP an. Wegen des Berufsverbots ging sie in die Schweiz, wo sie Arbeit als Hauslehrerin fand. 1882 siedelte Clara mit ihrem Lebensgefährten, dem russischen Revolutionär Ossip Zetkin, nach Paris über, bekam zwei Kinder und arbeitete als Korrespondentin für die sozialistische Presse. Als Ossip Zetkin 1889 starb, musste sie ihre Kinder Maxim und Kostja alleine versorgen. Ihre politische Arbeit setzte sie weiterhin fort.

Mitte Juli 1889 tagte in Paris der Gründungskongress der Zweiten Internationale, wo Clara Zetkin nicht nur als Sekretärin und Übersetzerin tätig war, sondern auch eine der wenigen weiblichen Delegierten war. Am 19. Juli trat die alleinerziehende Mutter im schwarzen Kleid vor 400 führenden Sozialisten aus ganz Europa auf und hielt ihre erste große Rede »Für die Befreiung der Frau«.

Mit scharfen Worten widersprach sie der Forderung nach Abschaffung der Frauenarbeit, die damals auch im sozialistischen Lager anzutreffen war: »Diejenigen, welche auf ihr Banner die Befreiung alles dessen, was Menschenantlitz trägt, geschrieben haben, dürfen nicht eine ganze Hälfte des Menschengeschlechtes durch wirtschaftliche Abhängigkeit zu politischer und sozialer Sklaverei verurteilen. Wie der Arbeiter vom Kapitalisten unterjocht wird, so die Frau vom Manne; und sie wird unterjocht bleiben, solange sie nicht wirtschaftlich unabhängig dasteht. Die unerlässliche Bedingung für diese wirtschaftliche Unabhängigkeit ist die Arbeit.«

Nicht die Frauenarbeit an sich sei es, die durch Konkurrenz mit den männlichen Arbeitskräften die Löhne herabdrücke, sondern die Ausbeutung der Frauenarbeit durch den Kapitalisten, der sich dieselbe aneigne: »Was aber dem Kapitalisten die weibliche Arbeitskraft ganz besonders wertvoll machte, das war nicht nur der geringe Preis, sondern auch die größere Unterwürfigkeit der Frau. Der Kapitalist spekulierte auf diese beiden Momente: die Arbeiterin so schlecht wie möglich zu entlohnen und den Lohn der Männer durch diese Konkurrenz so stark wie möglich herabzudrücken. In gleicher Weise machte er sich die Kinderarbeit zunutze, um die Löhne der Frauen herabzudrücken; und die Arbeit der Maschinen, um die menschliche Arbeitskraft überhaupt herabzudrücken.«

Clara Zetkin wollte diesen Teufelskreis durchbrechen. Durch die Rede am 19. Juli 1889 wurde sie als sozialistische Frauenrechtlerin bekannt.

Nach ihrer Rückkehr nach Deutschland übernahm sie 1892 die Redaktion des Organs der sozialistischen Frauenbewegung »Die Gleichheit«. Unter ihrer Leitung wurde aus dem zweimonatlichen Rundbrief mit einer Auflage von 2000 Exemplaren eine populäre sozialistische Frauenzeitung, die 1914 über 125 000 Abonnentinnen verfügte.

Obwohl sie mit Nachdruck für das Frauenwahlrecht kämpfte, gab sich Clara Zetkin über den tatsächlichen Einfluss der Wahlberechtigten keiner Illusion hin: »Die Länder, in denen das angeblich allgemeine, freie und direkte Wahlrecht existiert, zeigen uns, wie gering der wirkliche Wert desselben ist. Das Stimmrecht ohne ökonomische Freiheit ist nicht mehr und nicht weniger als ein Wechsel, der keinen Kurs hat«, so Zetkin 1889. »Wenn die soziale Emanzipation von den politischen Rechten abhinge, würde in den Ländern mit allgemeinem Stimmrecht keine soziale Frage existieren. Die Emanzipation der Frau wie die des ganzen Menschengeschlechtes wird ausschließlich das Werk der Emanzipation der Arbeit vom Kapital sein.«

Wie recht sie hatte, zeigte sich während der Weltwirtschaftskrise in der Weimarer Republik. Das Frauenwahlrecht war mit der Novemberrevolution 1918 in Deutschland eingeführt worden.

Obwohl sie die Frauenfrage nie losgelöst von der sozialen Frage diskutieren wollte und vom »Klassenkampf aller Ausgebeuteten ohne Unterschied des Geschlechts« sprach, war Clara Zetkin eine der Initiatorinnen des Internationalen Frauentages. Zusammen mit Käte Duncker brachte sie auf der Zweiten Internationalen Sozialistischen Frauenkonferenz am 27. August 1910 im Kopenhagen den Antrag ein, jedes Jahr einen Frauentag auf sozialistischer und internationalistischer Grundlage zu veranstalten.

Erstmals wurde der Frauentag in Deutschland, Dänemark, Österreich und der Schweiz am 19. März 1911 gefeiert. Der heute noch gültige Termin am 8. März wurde 1921 von der internationalen Konferenz kommunistischer Frauen zum Gedenken an den Ausbruch der Russischen Revolution durch einen Streik der Petrograder Arbeiterinnen am 8. März 1917 festgelegt.

Clara Zetkins Abschied von der SPD war lang und schmerzhaft. Als die Reichstagsfraktion der SPD im August 1914 den kaiserlichen Kriegskrediten zustimmte, gehörte sie schon zur revolutionären Minderheit um Rosa Luxemburg, Karl Liebknecht und Franz Mehring, die sich klar und deutlich gegen den Krieg positionierte.

Im März 1915 fand in Bern auf Initiative von Clara Zetkin eine Antikriegskonferenz statt. Einstimmig wurde ein von ihr verfasster Appell an die Frauen der ganzen Welt verabschiedet. »Bisher habt ihr für eure Lieben geduldet, nun gilt es, für eure Männer, für eure Söhne zu handeln«, hieß es in dem Schriftstück, das hunderttausendfach illegal in den kriegführenden Ländern verbreitet wurde, und: »Nieder mit dem Krieg! Durch den Sozialismus!«

Nach einer Razzia wurde die Autorin im Juli 1915 wegen »versuchten Hochverrats« angeklagt und für vier Monate ins Gefängnis gebracht. Aufgrund ihrer offenen Gegnerschaft gegen die Politik des SPD-Vorstandes wurde ihr 1917 nach 25 Jahren die Redaktion der »Gleichheit« entzogen. Zusammen mit den anderen Kriegsgegnern trat Clara Zetkin der Unabhängigen Sozialdemokratischen Partei (USPD) bei. Die Nachricht von der russischen Oktoberrevolution nahm sie mit heller Freude auf.

Ihre endgültige Trennung von der Sozialdemokratie vollzog sie auf einem USPD-Parteitag im März 1919. Sie erklärte, sie wolle »dort stehen, dort kämpfen, wo das Leben ist, und nicht dort, wo mir Zersetzung und Schwäche entgegenstarrt. Ich will mich nicht lebendigen Geistes vom politischen Tod anhauchen lassen.«

Auch in den Reihen der Kommunistischen Internationale blieb Clara Zetkin eine Kämpferin für die Rechte der Frauen. Sie wurde Chefredakteurin der KPD-Zeitung »Kommunistin« und entwarf 1920 auf Lenins Anregung die Richtlinien zur kommunistischen Frauenarbeit.

Im selben Jahr wurde sie als kommunistische Abgeordnete in den Reichstag gewählt. Eine der wichtigsten frauenspezifischen Forderungen der KPD, die noch lange aktuell bleiben

sollte, war schon damals die Streichung des Abtreibungsparagrafen 218. Neben dem kostenlosen Schwangerschaftsabbruch sollte auch die Entscheidung für ein Kind sorgenfrei
möglich sein: Durch die Garantie der öffentlichen Fürsorge
bei Schwangerschaft und Geburt und für die Kinder.

Ein weiterer Schwerpunkt der parlamentarischen Arbeit
der KPD war die Durchsetzung von Amnestiegesetzen für
»politische Straftaten« und Delikte, die aus wirtschaftlicher
Not begangen worden waren. Als nach der Niederschlagung
des kommunistischen Märzaufstandes im mitteldeutschen
Industrierevier »Rote-Hilfe-Komitees zur Unterstützung
der Opfer der Klassenjustiz« gegründet wurden, gehörte
Clara Zetkin dem Zentralkomitee der Hilfsorganisation an.
1925 wurde sie Präsidentin der Internationalen Roten Hilfe.

Wegen gesundheitlicher Probleme hielt sie sich oft in
Russland zur Kur auf. Ihre Differenzen mit Josef Stalin (in
einem Brief aus dem Jahr 1930 nennt sie ihn »das gehirn-
kranke Weib in Männerhosen«) zeigten sich spätestens, als
die Politik der KPD von dessen »Sozialfaschismustheorie«
beeinflusst wurde. Der KPD-Vorsitzende Ernst Thälmann
war der Ansicht, dass nach der Kriegsbefürwortung und der
Billigung des Mordes an Rosa Luxemburg und Karl Liebknecht durch führende SPD-Mitglieder der Faschismus
kaum schlimmer sein könnte. Niemand konnte sich damals
den Faschismus in vollem Umfang vorstellen. Während Clara Zetkin und andere zumindest erahnten, was auf sie zu-
kam, bezeichnete Thälmann die SPD als »sozialfaschistisch«.
Die KPD-Führung trug den Richtungsstreit zum Teil durch
Parteiausschlüsse und Beschimpfungen der Meinungsgeg-
ner als Rechtsopportunisten aus.

Trotz ihrer Wut über die SPD-Führungsriege war Clara
Zetkin mit diesem Umgang nicht einverstanden – sie wollte
zumindest die Anhängerschaft der SPD in der arbeitenden Bevölkerung für den gemeinsamen Kampf gegen den

Faschismus gewinnen. In Briefen äußerte sie Kritik am Kurs Stalins und Thälmanns, protestierte gegen Parteiausschlüsse und die Spaltung der Roten Hilfe. Thälmann änderte seine Meinung, aber spät.

Am 30. August 1932 eröffnete Clara Zetkin als Alterspräsidentin den deutschen Reichstag. Uniformierte Faschisten dominierten bereits das Plenum, als sie zur Einheitsfront aller Werktätigen aufrief, »um den Faschismus zurückzuwerfen, und damit den Versklavten und Ausgebeuteten die Kraft und die Macht ihrer Organisation zu erhalten, ja sogar ihr physisches Leben«. Die Machtübernahme der Nazis erlebte Clara Zetkin in Moskau. Als sie noch im Jahr 1933 starb, kamen 400 000 Menschen zum Moskauer Haus der Gewerkschaften, um von ihr Abschied zu nehmen. Stalin selbst trug ihre Urne zur Beisetzung an der Kremlmauer.

Frei auch in der Liebe

Eine andere bemerkenswerte Frau befand sich damals im diplomatischen Außendienst der jungen Sowjetunion: Alexandra Michailowna Kollontai. Die 1872 geborene Kommunistin war nach der Oktoberrevolution 1917 als erste Ministerin der Weltgeschichte berühmt geworden und hatte eine Reihe von Sofortmaßnahmen auf den Weg gebracht, um die Lage der Frauen und Kinder zu verbessern. Als Volkskommissarin für soziale Fürsorge setzte sie sowohl verbesserten Mutterschutz als auch das Recht auf Schwangerschaftsabbruch durch, erreichte kurzfristig eine Lockerung des Eherechts und schlug vor, die Hausarbeit weitgehend durch Volkskantinen, öffentliche Wäschereien und kollektive Kindererziehung zu ersetzen. Der Staat sollte dafür Einrichtungen wie Kinderkrippen und Kindergärten zur Verfügung stellen.

Doch nicht nur die Entlastung der arbeitenden Frau von den häuslichen Pflichten, sondern auch die Befreiung von der alten Sexualmoral gehörte für Alexandra Kollontai zum voll entwickelten Sozialismus. »Nicht die sexuellen Beziehungen bestimmen das moralische Ansehen der Frau, sondern ihr Wert im Arbeitsleben, bei der gesellschaftlich nützlichen Arbeit«, war ihr Motto. In ihrem Buch »Die neue Moral und die Arbeiterklasse« schrieb sie bereits 1918 über neuartige Beziehungen und erotische Freundschaft. Im selben Jahr heiratete sie den 17 Jahre jüngeren Volkskommissar der Flotte, Pawel Dybenko – der Trauschein wäre aber aus ihrer Sicht nicht unbedingt nötig gewesen.

Die Radikalität, mit der sie Besitzdenken und patriarchalische Vorstellungen von Ehre und Schande auf den Misthaufen der Geschichte werfen wollte, gefiel nicht allen männlichen Genossen. Auch große Revolutionäre erwiesen sich in diesem Zusammenhang schlicht als Söhne ihrer Zeit. Lenin warf Kollontai vor, sie habe propagiert, Sexualität wie ein Glas Wasser zu konsumieren. Tatsächlich stammt diese Aussage von einer Romanfigur Kollontais aus »Wege der Liebe«, einem Band mit drei Erzählungen, die sie in den Anfangszeiten der Sowjetunion schrieb. Die junge Frau, die darin Sexualität mit einem Glas Wasser vergleicht, steht nicht isoliert im Raum. Sie ist die Tochter einer Revolutionärin, welche es nicht fassen kann, trotz ihrer politischen und sozialen Emanzipation Gefühle wie Eifersucht und Liebeskummer an sich zu entdecken. Sie leidet unter dem Verhältnis ihres Lebensgefährten mit ihrer Tochter. Die Mutter wirkt in der Erzählung wesentlich authentischer – vielleicht, weil sich die Autorin stärker mit ihr identifiziert hat. Doch die Tochter wird nicht moralisch verurteilt. Sie liebt ihre Mutter und versteht den Stellenwert des Mannes in deren Leben nicht. Ihr Elan gehört dem Aufbau der neuen Gesellschaft, aber Sex und Erotik sind für sie natürliche Bedürfnisse.

Alexandra Kollontai hat die Gefühlswelten beider Frauen-
figuren respektiert. Vielleicht kannte sie sie aus unterschiedlichen Lebensphasen.

Ob ihr das freie Denken unter Stalin zum Verhängnis
geworden wäre, wenn sie nicht als Diplomatin ins Ausland gegangen wäre, bleibt Spekulation. Als Gesandte der
Sowjetunion in Norwegen war sie 1923 die erste akkredi-
tierte Diplomatin weltweit. Im November 1926 wechselte
sie nach Mexiko und ein Jahr darauf zurück nach Oslo. Von
November 1930 bis zum Ende des Zweiten Weltkriegs arbeitete Kollontai in Stockholm, wo sie 1944 zum Waffenstill-
stand mit Finnland beitrug und dem Land so den Ausstieg
aus dem Zweiten Weltkrieg ermöglichte. Unterdessen hatte
Stalin in der Sowjetunion 1936 den Schwangerschaftsabbruch wieder verbieten lassen. Erst 1955 – zwei Jahre nach
seinem Tod – wurde das Dekret wieder aufgehoben. Alexandra Kollontai starb bereits vorher, 1952 in Moskau.

Während die Kinderbetreuung in der DDR durchaus die
Handschrift der revolutionären Sozialministerin trug, blieb
die von ihr oft infrage gestellte Ehe als gesellschaftliches Idealbild bestehen – sie verlor aber ihren Schrecken als ökono-
misches Abhängigkeitsverhältnis. Entsprechend oft wurde
sie auch auf Wunsch der Frau geschieden.

»Wege der Liebe« war 1925 in deutscher Sprache erschienen. Es war damals eine kurze Zeit des Aufbruchs für unan-
gepasste und rebellische Frauen. Als Symbolfigur der jungen Generation kämpferischer Kommunistinnen wurde im
April 1928 Olga Benario bekannt: »Eine Gefangenenbefreiung nach Wildwestmanier erregte heute im Untersuchungs-
gefängnis von Moabit großes Aufsehen. Der Überfall, bei dem
der wegen Hochverrat angeklagte Redakteur Otto Braun mit
Waffengewalt befreit wurde, wurde von der Kommunistin
Olga Benario angeführt.« Alle Zeitungen berichteten über
den unglaublichen Vorfall. Die spätere Sowjet-Agentin, die

1936 hochschwanger von Brasilien an Nazideutschland ausgeliefert und 1942 in der »Euthanasie«-Anstalt Bernburg vergast wurde, wurde in der DDR mindestens ebenso verehrt wie Clara Zetkin. Obwohl Olga Benario sich in ihrem politischen Leben nie auf die Frauenfrage spezialisiert hat, wurde ihre Tollkühnheit für junge Kommunistinnen eines der besten Beispiele für gelebte Emanzipation.

Die frauenpolitischen Forderungen der KPD in der Weimarer Republik sollten noch lange aktuell bleiben. Ihr Kampf um das Recht auf Schwangerschaftsabbruch wurde von dem kommunistischen Arzt und Schriftsteller Friedrich Wolf unterstützt. Der Vater des späteren DEFA-Regisseurs Konrad Wolf und des nachmaligen DDR-Geheimdienstchefs Markus Wolf schrieb 1929 das Theaterstück »Cyankali«, in dem eine mittellose junge Frau an den Folgen einer illegalen Abtreibung stirbt. Der Autor wurde daraufhin beschuldigt, selbst illegale Abtreibungen vorgenommen zu haben und kurzfristig sogar verhaftet.

Bertolt Brecht schrieb im selben Jahr die »Ballade vom Paragraphen 218«, in der die schwangere Frau eines Arbeitslosen von ihrem Arzt ermahnt wird, sie solle an das Wachstum der Bevölkerung denken.

Die Diskussion über die Legalisierung von Schwangerschaftsabbrüchen wurde 1933 durch die Machtübernahme der Faschisten schlagartig beendet. Der Paragraf 218 überlebte nach dem Krieg zunächst in beiden deutschen Staaten – was in der BRD unter CDU-Kanzler Konrad Adenauer nicht verwunderlich war.

In der DDR sorgten die unterschiedlichen Motive, mit denen Kommunistinnen und Kommunisten zuvor gegen den Abtreibungsparagrafen gekämpft hatten, nun für Zwietracht. Einige hatten das Recht auf Abtreibung wegen häufiger wirtschaftlicher Notlagen im Kapitalismus befürwortet und sahen in einer gerechten Ordnung nicht die gleiche

Dringlichkeit, zumal es Widerstände in der öffentlichen Meinung gab. Andere gestanden der Frau bereits grundsätzlich ein Selbstbestimmungsrecht über ihren Körper zu – auch in einer sozialistischen Gesellschaft, in der niemand hungern oder auf medizinische Versorgung verzichten musste. Es dauerte rund eine Generation, bis sich dieses Bewusstsein durchsetzen konnte.

1972 wurde in der Volkskammer mit Gegenstimmen der Ost-CDU eine Fristenlösung beschlossen – allerdings ohne Rechtfertigungszwang oder Pflichtberatung. Damit waren die Frauen in der DDR bis nach der Wiedervereinigung besser gestellt als die westdeutschen Frauen. 1989 setzte der neu gegründete Unabhängige Frauenverband der DDR die Forderung nach Streichung des BRD-Paragrafen auf die Agenda zur deutsch-deutschen Vereinigung. Doch es war zu spät, um von dieser Fusion etwas anderes als eine vergrößerte BRD zu erwarten.

Das Reich der Notwendigkeit
Historische Rahmenbedingungen

Schon kurz nach der bedingungslosen Kapitulation Deutschlands hatten sich in allen Besatzungszonen Frauen zusammengeschlossen, um die schwierige Nachkriegssituation zu meistern und die Teilnahme der Frauen am öffentlichen Leben zu fördern. Kommunistinnen arbeiteten dabei von Anfang an sehr aktiv mit. Ihre Rolle wird heute – zum Beispiel von der Bundeszentrale für politische Bildung – als vereinnahmend dargestellt. Umgekehrt verschafften sie den Frauengremien in der sowjetischen Zone aber auch Einfluss und Möglichkeiten der Mitbestimmung.

Auf Befehl der Sowjetischen Militäradministration wurden ab dem 30. Oktober 1945 antifaschistische Frauenausschüsse in die Stadtverwaltungen einbezogen. Sie leisteten Sozialarbeit und halfen bei der Bewältigung von Alltagsproblemen – zum Beispiel durch die Einrichtung von Nähstuben, die Durchführung von Sammelaktionen und die Mitarbeit in Versorgungskommissionen –, setzten sich aber auch für die berufliche und politische Gleichstellung der Frauen ein. Manchmal sorgte die Sowjetische Militäradministration dabei für den nötigen Nachdruck.

Am 17. August 1946 erging der Befehl Nr. 253: »Gleiche Entlohnung von Arbeitern und Angestellten für die gleiche Arbeit, unabhängig von Geschlecht und Alter.«

In einem Dankesbrief des Zentralen Frauenausschusses Berlin steht: »Mit diesem Befehl ist eine seit Jahrzehnten von allen fortschrittlichen Frauen erhobene Forderung verwirklicht.« Empfänger ist der Oberkommandierende der sowjetischen Besatzungstruppen in Deutschland, Marschall Wassilij Sokolowskij. Unterzeichnet haben nicht nur Kommunistinnen, denn im Vorstand der Frauenausschüsse arbeiteten diese mit Frauen aus anderen Parteien sowie mit Parteilosen zusammen.

Manche Einmischung »von oben« bedeutete faktisch eine Besserstellung der Frauen. Und als überparteiliche Interessenvertretungen wurden die Frauenausschüsse von sowjetischer Seite gestärkt. Unterdessen durften aber die Parteien keine eigenen Frauenorganisationen gründen. 1947 ging aus den antifaschistischen Frauenausschüssen der Demokratische Frauenbund Deutschlands (DFD) hervor, der später als Massenorganisation in der Volkskammer vertreten war. Der Befehl Nr. 253 verdeutlicht die Gesamtsituation, in die sozialistische Frauenpolitik eingebettet war: Soziale Veränderungen konnten zunächst nur unter dem Schutz und in Abhängigkeit von der Sowjetunion durchgesetzt werden.

Die Anfänge der DDR mit den demokratischen Maßstäben in Friedenszeiten aufgewachsener Jahrgänge zu messen wird den Problemen der Aufbaugeneration nicht gerecht. Wer trotzdem so vorgehen möchte, muss konsequenterweise alle europäischen Staaten an ihrer Nachkriegsrealität messen – auch die zuvor besetzten Länder Westeuropas. In vielen Fällen wäre das Etikett »Rechtsstaat« aus heutiger Sicht unpassend – und in vielen Fällen wurden die Kollaborateure des Hitler-Regimes härter bestraft als die Nazis in beiden Teilen Deutschlands. Die Ablehnung der Todesstrafe setzte sich erst Jahrzehnte später als politischer und moralischer Konsens in Europa durch. Eine repressionsfreie demokratische Gesellschaft war unmittelbar nach dem Krieg auch in Ländern wie Frankreich nicht vorstellbar.

In Deutschland gingen die Alliierten in allen vier Besatzungszonen davon aus, dass die Deutschen politischen Nachhilfeunterricht nötig hätten, denn die Mehrheit hatte letztendlich etwas geduldet, das der Rest der Welt nicht dulden konnte. Die Westalliierten sprachen von »Reeducation«, in der Sowjetischen Besatzungszone hieß es »antifaschistisch-demokratische Umgestaltung«. Die Inhalte der politischen Bildungsarbeit unterschieden sich dadurch, dass in der SBZ und späteren Deutschen Demokratischen Republik auch der Zusammenhang zwischen Faschismus, Kapitalismus und imperialistischem Krieg beleuchtet werden sollte. Es wurde ein radikaleres Umdenken verlangt als in den übrigen Besatzungszonen.

Zeitgleich wurde am Aufbau einer neuen Gerichtsbarkeit gearbeitet, an dem eine Frau – die spätere Justizministerin Hilde Benjamin – maßgeblich beteiligt war. Mit ihrem Lebenslauf beschäftigt sich ein eigenes Kapitel.

In den ersten Nachkriegsjahren mit materieller Not und Kriminalität fertig zu werden und dabei nicht auf Hitlers willige Vollstrecker im Polizei- und Justizapparat zurückzugreifen, sondern diese angemessen zu bestrafen, war ein Kraftakt. Rechtsstaatliche Defizite waren dabei vorprogrammiert, weil unbelastetes Personal mit entsprechender Ausbildung schwer zu finden war. Richterinnen und Richter wurden zeitweise in Schnellkursen ausgebildet. Ehemals Verfolgte und Diskriminierte waren wiederum nicht unbefangen, wenn sie über mutmaßliche Kriegs- und Naziverbrecher zu Gericht saßen. Wer sich im Faschismus »neutral« verhalten hatte, war schwer einzuschätzen und bedurfte der Kontrolle durch diejenigen, die eine antifaschistische Gesinnung bewiesen hatten.

Ein Großteil der kommunistischen Kader hatte Verfolgung, Todesangst und Repression, Gestapo-Haft oder Konzentrationslager erlebt, was nicht spurlos an ihnen vorbeigegangen sein kann – moderne Psychologen würden es als Trauma bezeichnen –, aber sie wurden gebraucht. Die Notwendigkeiten der Zeit erlaubten ihnen kaum Erholung und Selbstreflexion.

Plötzlich mit Macht ausgestattet, nachdem sie zuvor inhaftiert, gefoltert, ins Exil gejagt oder ihrer liebsten Freunde und Angehörigen beraubt worden waren, standen sie einer Mehrheit gegenüber, die sich weder mit ihnen noch mit den verfolgten Juden, Sinti und Roma solidarisiert hatte.

Dieses Gefühl der Unsicherheit und des Misstrauens gegenüber den Massen, für die sie doch eigentlich eintreten wollten, war bei Marx nicht vorgesehen. Es traf sie unvorbereitet, und ihr Umgang damit war unterschiedlich. Manchmal bewahrheitete sich, was Bert Brecht in seinem Gedicht »An die Nachgeborenen« beschrieben hatte: »Auch der Haß gegen die Niedrigkeit / Verzerrt die Züge. / Auch der Zorn über das Unrecht / Macht die Stimme heiser.« Das Gedicht endet mit den Worten: »Ihr aber, wenn es soweit sein wird / Daß der Mensch dem Menschen ein Helfer ist / Gedenkt unsrer / Mit Nachsicht.«

In die junge Generation, die keinerlei Schuld am Faschismus traf, setzten die überlebenden Kommunistinnen und Kommunisten große Hoffnungen. Das größte Problem für den Neuanfang war, dass das Volk sich nicht aus eigener Kraft und Überzeugung vom Faschismus befreit hatte, sondern militärisch von ihm befreit werden musste. Viele empfanden die Befreiung als Niederlage.

Zeitenwende

Frühjahr 1945. Plauen ist zunächst von der US-Armee eingenommen worden – nach insgesamt 14 schweren Luftangriffen mit weit über 2000 Todesopfern. Auch der materielle Schaden ist groß. Die Bausubstanz der Stadt wurde zu fast 75 Prozent zerstört. Beim schlimmsten Luftangriff im April 1945 war der Krieg bereits entschieden, denn die Rote Armee stand vor Berlin. Ein Schwarz-Weiß-Foto von Plauen wenig später zeigt eine Trümmerlandschaft.

»Bis die Russen kamen, hat es noch ein bisschen gedauert«, sagt Ruth Weiß, die 1934 geboren wurde und als Mädchen das Kriegsende in Plauen erlebt hat. Sie stammt aus einem kommunistisch orientierten Arbeiterhaushalt, in dem die Angst der Kinder vor »den Russen« nicht geschürt wurde.

»Mein Vater war Maurer, stammte aus der Chemnitzer Gegend und ist auf der Walz gewesen«, erzählt sie. Die Wanderjahre der freiheitsliebenden Handwerksgesellen – auch »Tippelbrüder« genannt – standen für sich schon im Widerspruch zur Naziideologie. Nicht zuletzt, weil es sich um Männer im wehrfähigen Alter handelte, die dadurch nicht als Soldaten eingezogen werden konnten. Ruths Vater kam auf der Walz bis nach Frankreich.

»Auf dem Rückweg ist er in Plauen im Vogtland hängengeblieben. Der Vater meiner Mutter hatte dort eine Arbeitergaststätte – heute würde man Kneipe sagen, aber wir haben es nicht so gesehen. Es war eben ganz einfach. Dort haben sich meine Eltern kennengelernt. Mein Vater ist dort geblieben.« Seine Sympathie für die kommunistische Bewegung ist instinktiv, nicht theoretisch. Bücher gibt es zu Hause nicht viele. Marxistische Lehrhefte wird Ruth gegen Ende ihrer Schulzeit auf Anregung eines Genossen lesen.

1945 ist sie elf Jahre alt. Vater und Großvater haben Zuchthauserfahrung – wegen illegaler politischer Arbeit. Bei der Haftentlassung war der Großvater väterlicherseits so brutal zusammengeschlagen worden, dass er ein halbes Jahr mit großen Schmerzen liegen musste.

Seine Rückkehr in diesem Zustand bleibt für die Enkeltochter eine prägende Kindheitserinnerung: »Bei der Entlassung hatten sie ihn irgendwie über ein Fahrrad gehängt und allein nach Hause geschickt. Jemand hat ihm dann geholfen und ihn zu meiner Großmutter gebracht. So etwas wirkt natürlich auch auf die Kinder.«

Trotz seiner kommunistischen Vergangenheit wird Ruths Vater an die Ostfront geschickt, wo er verwundet wird und drei Finger verliert. Später würde sie ihn gerne fragen, warum er nicht übergelaufen ist. »Mein Vater ist aber schon '47 bei einem Motorradunfall gestorben, deshalb weiß ich es bis heute nicht. Mein Bruder hat es sich so erklärt, dass es schwer war auf dem offenen Feld. Er hatte ja Schlimmes erlebt und auch gesehen, was die Deutschen dort angerichtet hatten. Vielleicht hatte mein Vater Angst, die Russen würden seine Absicht missverstehen.«

Die letzten Kriegstage verbringt Ruths Vater bei seiner Familie, die zwischenzeitlich im Wald lebt, um den Bombenangriffen zu entgehen. In einer Mulde, die mit Baumstämmen bedeckt und mit Stroh ausgelegt ist, wollen sie bis zum Kriegsende ausharren, doch in der Stadt kommt es bereits zu Plünderungen. Der Vater überredet die Familie, zurück in die Wohnung zu gehen. »Das Haus stand noch, aber es war sehr viel kaputt. Die Fenster waren zerstört, das Dach war abgedeckt. Es stand alles offen. Mein Vater wollte wenigstens die Sachen erhalten, die noch da waren.«

Gemäß der Vereinbarungen der Konferenz von Jalta zieht sich die US-Armee am 30. Juni 1945 aus Westsachsen zurück – Plauen steht nun unter sowjetischer Verwaltung. »Als die Russen kamen, sind wir ihnen mit Blumen entgegengelaufen«, erinnert sich Ruth. »Wir waren die Einzigen.«

Obwohl die Rote Armee im Gegensatz zur britischen und zur amerikanischen Luftwaffe nicht gezielt Wohngebiete bombardiert hatte, um die Zivilbevölkerung zu demoralisieren und vermeintlich gegen Hitler aufzubringen, saß die Abneigung gegen den »Iwan« deutlich tiefer. Das Wüten der eigenen Verwandtschaft im Rahmen des Angriffskrieges auf die Sowjetunion wollten sich viele Deutsche nicht vorstellen.

Die antikommunistische Propaganda und das Bild vom »slawischen Untermenschen« reichten viel weiter zurück als die Wut über die angloamerikanischen Bombenangriffe. So wurden auch die Vergewaltigungen durch Rotarmisten, gegen die zum Beispiel Nikolaj Bersarin 1945 als Stadtkommandant von Berlin hart durchgegriffen hatte, von vielen Deutschen nicht als Ausdruck der kriegsbedingten Verrohung einiger Vertreter des männlichen Geschlechts wahrgenommen, sondern dem Charakter der Bolschewiken aus dem Osten zugeschrieben. Es passte ins Bild, das man sich in den vergangenen zwölf Jahren durch die Brille der NS-Propaganda von ihnen gemacht hatte. Bersarin stoppte die Gewalt gegen Zivilistinnen durch abschreckende Strafmaßnahmen gegen eigene Soldaten, die sich daran beteiligt hatten. Aber nicht alle Deutschen änderten daraufhin ihre Wahrnehmung.

Die Sowjetsoldaten, die sich korrekt verhielten, waren den Deutschen gegenüber zum Teil sehr reserviert. Während die US-Soldaten von deutschen Kindern bald mit der Bitte um Kaugummi – »Chewing Gum, please Chewing Gum!« – begrüßt wurden, kamen die Rotarmisten aus einem zerstörten Land und hatten nichts zu verschenken. »Trotzdem teilten sie Brot und Suppen mit der hungernden Bevölkerung«, betont Ruth. Als Reparationsleistung für die materiellen Kriegsschäden wurden ganze Industrieanlagen demontiert und in die Sowjetunion verbracht. Gerecht im Sinne der Wiedergutmachung, so weit sie überhaupt möglich war, aber nicht im Sinne der Lastenverteilung zwischen Ost- und Westdeutschland. Nicht im Sinne der Startbedingungen für beide deutsche Staaten.

Karl Marx hatte sinngemäß gesagt, dass vor dem Reich der Freiheit das Reich der Notwendigkeit käme. Neben Zeiten großen politischen Drucks gab es auch in der Sowjetischen Besatzungszone Momente, in denen erfolgreich mehr Demokratie gewagt wurde. Bereits am 30. Juni 1946 kommt es in Sachsen zum Volksentscheid. In geheimer Wahl wird über die Enteignung der Betriebe von Kriegs- und Naziverbrechern abgestimmt. Die Sozialistische Einheitspartei, die Liberal-Demokratische Partei, die Christlich-Demokratische Union und der Freie Deutsche Gewerkschaftsbund rufen gemeinsam zur Abstimmung auf.

»Die sowjetische Besatzungsbehörde hat die von ihr in großer Zahl beschlagnahmten und enteigneten Betriebe von Kriegsverbrechern sowie aktiven Verfechtern der faschistischen Kriegspolitik dem Volke zur Verfügung gestellt«, steht im Aufruf. »Die Besatzungsbehörden haben damit den demokratischen Selbstverwaltungsorganen die Möglichkeit gegeben, zu entscheiden, was mit diesen Betrieben geschehen soll.« Nunmehr sei es »Aufgabe des Volkes selbst, dafür zu sorgen, dass diese Betriebe in den Dienst der Befriedigung der Lebensbedürfnisse des Volkes gestellt werden«.

Ruth ist zwölf Jahre alt, aber sie weiß, was es bedeutet. »Mein Vater hatte von der Partei ein Auto, mit dem er die ausgezählten Stimmen aus den Wahllokalen holte«, erinnert sie sich. »Da hat er mich mitgenommen – und das war für mich das Erlebnis, das mir klar gemacht hat: Jetzt kommt etwas ganz Neues.«

Bei einer Wahlbeteiligung von 93,71 Prozent stimmen 77,62 Prozent für die Überführung der Betriebe in Volkseigentum, 15,56 Prozent stimmen dagegen. Die restlichen Stimmen sind ungültig.[1] »Eigentlich hätte in ganz Deutschland abgestimmt werden sollen«, sagt Ruth.

Nicht immer stimmt sie mit der Mehrheit überein. Manchmal fühlt sie sich in der Schule einsam: »Es gab schon Freundschaften, aber politisch waren die auf einer anderen Wellenlänge.« Auch bei der Jugendweihe, dem weltlichen

Ritual zum Eintritt ins Erwachsenenleben, das sich später in der DDR durchsetzen wird, ist sie ihrer Zeit noch voraus: »Eine Freundin, deren Eltern auch bei der SED waren, und ich haben 1948 als Einzige aus meiner Klasse an der Jugendweihe teilgenommen. Die anderen gingen zur Konfirmation. Das hat sich ja später total geändert. Aber 1948 waren wir nur ganz wenige.«

1 Hamburger Echo, 21.8.1954.

Recht haben und recht bekommen
Stationen der rechtlichen Gleichstellung

»Mann und Frau sind gleichberechtigt«, steht in Artikel 7 der Verfassung der DDR vom 7. Oktober 1949. »Alle Gesetze und Bestimmungen, die der Gleichberechtigung der Frau entgegenstehen, sind aufgehoben.« Doch damit war noch nicht alles geklärt.

Im Vergleich zur BRD, die sie ebenfalls 1949 im Grundgesetz verankert hat, wurde die Gleichberechtigung in der DDR zügig umgesetzt. Umstritten war zunächst, welche Gesetze und Bestimmungen überhaupt zu denen gehörten, die die Gleichberechtigung beeinträchtigten.

Staatliche Hilfe für Mutter und Kind

Im Westen Deutschlands konnte eine verheiratete Frau bis 1958 nur mit Zustimmung ihres Ehemannes eine Erwerbsarbeit aufnehmen – in der DDR wurde schon 1950 klargestellt: »Die Eheschließung hat für die Frau keine Einschränkung oder Schmälerung ihrer Rechte zur Folge.« Die Frau durfte ausdrücklich »nicht gehindert werden, einen Beruf auszuüben oder einer beruflichen Ausbildung und ihrer gesellschaftlichen und politischen Fortbildung nachzugehen; auch wenn hierdurch eine zeitweilige örtliche Trennung der Eheleute bedingt wird«.

So regelt es das »Gesetz über den Mutter- und Kinderschutz und die Rechte der Frau« vom 27. September 1950.

Das waren Selbstverständlichkeiten, die in der BRD erst mit dem Gleichberechtigungsgesetz von 1958 Einzug hielten. Länger dauerte in beiden deutschen Staaten der Streit um das Abtreibungsverbot. Selbst in der DDR fällt es erst 1972.

Das »Gesetz über den Mutter- und Kinderschutz und die Rechte der Frau« ist noch sehr von bevölkerungspolitischen Erwägungen geprägt. In der Präambel wird die Förderung des Kinderreichtums als »eine der vornehmsten Aufgaben unseres demokratischen Staates« genannt. Allerdings wird ebensolcher Wert auf die Förderung der berufstätigen Frauen und Mütter gelegt. An dem Gesetzentwurf hat der Demokratische Frauenbund Deutschlands mitgewirkt.

Der erste Teil regelte die staatliche Hilfe für Mütter und Kinder. Bei der Geburt des dritten Kindes gelten Mütter als kinderreich und erhalten nach Paragraf 2 eine einmalige Beihilfe von 100 Mark. Bei der Geburt des vierten Kindes erhöht sich diese Beihilfe auf 250 Mark, für jedes weitere gibt es 500 Mark. 1958 erhöhen sich diese Beihilfen – nun gibt es bereits ab dem ersten Kind 500 Mark. Mütter mit mehr als drei Kindern erhalten eine laufende staatliche Unterstützung, und zwar für das vierte Kind in Höhe von 20 Mark monatlich, für jedes weitere in Höhe von 25 Mark. Diese Unterstützung wird bis zum vollendeten 14. Lebensjahr des Kindes gezahlt.

Neben der finanziellen Lage der Familien sollte auch die medizinische Versorgung erheblich verbessert werden. Das Gesetz ordnete den Bau von 15 Kinderpolikliniken in Großstädten und Industriezentren an, sowie Kinderabteilungen mit insgesamt 1000 Betten in den im Bau befindlichen neuen Krankenhäusern und Kinderheime für Kleinkinder mit insgesamt 60000 Plätzen. Außerdem sollten weitere Mütter- und Kinderberatungsstellen eingerichtet werden. Bis 1955 sollten »in jedem Kreis durchschnittlich nicht weniger als drei Beratungsstellen« vorhanden sein.

Auch für die Vereinbarkeit von Beruf und Familie nahm der Staat Geld in die Hand:

§ 5. *(1) Um die Heranziehung der Frauen zur gesellschaftlichen schöpferischen Arbeit, zur aktiven Arbeit in den Organen der staatlichen und kommunalen Verwaltungen, zur politischen und kulturellen Tätigkeit sowohl in der Stadt als auch auf dem Lande zu ermöglichen, sind in den nächsten fünf Jahren zu errichten:*

1. Kinderkrippen mit insgesamt 40 000 Plätzen, hierfür sind 40 000 000 DM zur Verfügung zu stellen,

2. Kindertagesstätten mit insgesamt 160 000 Plätzen.

Bei der Errichtung von Kindertagesstätten und Kinderkrippen sind die Bedürfnisse der werktätigen Frauen auf dem Lande besonders zu berücksichtigen.

Mit dem »Gesetz über den Mutter- und Kinderschutz und die Rechte der Frau« verbesserte sich auch die Lage der alleinerziehenden Mütter und der unehelichen Kinder: »Die nichteheliche Geburt ist kein Makel«, steht in Paragraf 17. »Der Mutter eines nichtehelichen Kindes stehen die vollen elterlichen Rechte zu, die nicht durch die Einsetzung eines Vormundes für das Kind geschmälert werden dürfen.« Der Unterhalt, den die Mutter für das Kind beanspruchen kann, soll sich nach der wirtschaftlichen Lage beider Eltern richten.

Das Familiengesetzbuch

Das Familiengesetzbuch der DDR von 1965 brachte vor allem Verbesserungen im Namens- und Scheidungsrecht. Obwohl darin natürlich betont wurde, dass die Ehe auf Lebenszeit angelegt sei.

Das neue Partnerschaftsbild wird in den Grundsätzen so formuliert: »Die Gleichberechtigung von Mann und Frau bestimmt entscheidend den Charakter der Familie in der sozialistischen Gesellschaft. Sie verpflichtet die Ehegatten, ihre Beziehungen zueinander so zu gestalten, dass beide das Recht auf Entfaltung ihrer Fähigkeiten zum eigenen und gesellschaftlichen Nutzen voll wahrnehmen können. Sie erfordert zugleich, die Persönlichkeit des anderen zu respektieren und ihn bei der Entwicklung seiner Fähigkeiten zu unterstützen.«

Das Familiengesetzbuch vom 20. Dezember 1965 war im Vergleich zur Gesetzgebung der BRD und anderer europäischer Staaten zu dieser Zeit sehr fortschrittlich – obwohl es aus heutiger Sicht sehr genau vorschrieb, wie die ideale Ehe auszusehen habe.

Seit den sechziger Jahren des letzten Jahrhunderts hat sich die Vielfalt der Beziehungsmodelle vergrößert, die mit oder ohne Trauschein langfristig und einvernehmlich gelebt werden und gesellschaftlich akzeptiert sind. Die Forderung der Schwulen- und Lesbenbewegung nach gleichgeschlechtlicher Ehe und der Möglichkeit, Kinder zu adoptieren, war 1965 noch Zukunftsmusik – und auch die offene Beziehung mit oder ohne Trauschein wird erst seit der Studentenbewegung 1968 von einer breiteren Öffentlichkeit diskutiert.

Das Familiengesetzbuch der DDR ging von der heterosexuellen Ehe aus: »Mit der Eheschließung begründen Mann und Frau eine für das Leben geschlossene Gemeinschaft, die auf gegenseitiger Liebe, Achtung und Treue, auf Verständnis und Vertrauen und uneigennütziger Hilfe füreinander beruht.«

Der sozialistische Staat verpflichtete sich, Ehe und Familie zu schützen und zu fördern – was er insbesondere nach dem »Pillenknick« mit vielfältigen Anreizen tat. Das Idealbild war eine nicht-repressive Kleinfamilie: »Die Bürger gestalten ihre familiären Bindungen so, dass sie die Entwicklung aller Familienmitglieder fördern.« Im Hinblick auf freiwillige Kinderlosigkeit wirkt der Teil des Familiengesetzbuchs, der eher als Appell zu verstehen ist, mehr als konservativ: »Die eheliche Gemeinschaft erfährt ihre volle Entfaltung und findet ihre Erfüllung durch die Geburt und die Erziehung der Kinder«, heißt es in den Grundsätzen. Das eigentliche Gesetzeswerk bedeutete nichtsdestotrotz eine Modernisierung.

Im Namensrecht war nun nicht mehr vorgeschrieben, dass die Frau den Familiennamen des Mannes zu übernehmen hatte. Lediglich ein gemeinsamer Familienname für das Ehepaar und gemeinsame Kinder wurde in Paragraf 7 festgelegt: »Sie können den Namen des Mannes oder den Namen der Frau wählen.« Für den Scheidungsfall wurde das in der BRD noch bis 1977 geltende Schuldprinzip abgeschafft, das häufig zu Lasten der Frauen ausgelegt worden war und Scheidungswillige provoziert hatte, schmutzige Wäsche zu waschen. Stattdessen galt nun das Zerrüttungsprinzip, das sich in Paragraf 24 so liest: »Eine Ehe darf nur geschieden werden, wenn das Gericht festgestellt hat, dass solche ernstlichen Gründe vorliegen, aus denen sich ergibt, dass diese Ehe ihren Sinn für die Ehegatten, die Kinder und damit auch für die Gesellschaft verloren hat.«

»Will eine ungelernte Arbeiterin sich zur Diplomingenieurin hochstudieren oder – je nach Standort – eine Rübenzieherin zur LPG-Vorsitzenden, und ihr Ehemann ist dagegen, so ist das für den Richter (häufig Richterin) ein schwerwiegenderer Grund zur Scheidung als ein handfester Ehebruch (der in der DDR schon seit Jahren nicht mehr strafbar ist)«, schrieb 1971 die westdeutsche »Zeit«-Korrespondentin Marlies Menge.[1]

Das Familiengesetzbuch ging von beiderseitiger Berufstätigkeit aus. Regelungen wie der Versorgungsausgleich waren daher nicht vorhanden und ein möglicher Ehegattenunterhalt auf zwei Jahre befristet. Unterhaltsberechtigt war im Trennungsfall »der Ehegatte, der wegen Alters, Krankheit, der Erziehung der Kinder oder aus anderen Gründen nicht in der Lage ist, sich durch Arbeit oder aus anderem Einkommen die Mittel zu einer den wirtschaftlichen Verhältnissen beider Ehegatten entsprechendem Lebensführung selbst zu verschaffen«. Ein Unterhalt für die Dauer einer Berufsausbildung konnte eingefordert werden, wenn der oder die Unterhaltsberechtigte noch keinen Beruf erlernt hatte. Er oder sie durfte dann nicht auf die Übernahme einer anderen Arbeit verwiesen werden. War nach Rechtskraft der Scheidung einer von beiden nicht in der Lage, seinen Unterhalt selbst zu sichern, hatte das Gericht den anderen geschiedenen Ehepartner »für eine Übergangszeit, jedoch nicht für länger als zwei Jahre« zur Zahlung eines angemessenen Unterhalts zu verpflichten. Nur in Ausnahmefällen konnte die Unterhaltspflicht unbefristet verlängert werden.

Im Vergleich zur BRD spielten Unterhaltsstreitigkeiten in der DDR keine große Rolle, weil es für Frauen zunehmend unüblich wurde, als Mutter zu Hause zu bleiben und beruflich den Anschluss zu verlieren. Die Vollbeschäftigung machte Scheidungen sozialverträglicher und ersparte Frauen und Männern entwürdigende Streitereien um Geld.

Der Fall des Paragrafen 218

Die zäheste Auseinandersetzung, die noch geführt werden musste, war die über den Abtreibungsparagrafen 218, der in der DDR kontrovers diskutiert wurde. »Da waren verschiedene Hemmschwellen zu überwinden«, sagt Erika Baum, Jahrgang 1924, die während der Debatte in der DDR Gesellschaftswissenschaften studiert und unterrichtet hat. »Auf der einen Seite war natürlich auch die DDR froh über Kinder. Das zweite Problem war die öffentliche Meinung außerhalb der Arbeiter- und der Frauenbewegung. Große Teile der Bevölkerung waren damals gegen Schwangerschaftsabbrüche.« In der Realität seien diese natürlich trotzdem durchgeführt worden: »Das haben Frauen zu jeder Zeit getan. Das gab es ja selbst während der Nazizeit, obwohl es da wirklich sehr gefährlich war. Aber die öffentliche Meinung war auch in der DDR lange Zeit ein Hindernis für die Legalisierung«, erinnert sich Erika Baum.

»Jede von uns hat gewusst, wo sie hingehen kann«, sagt Ellen Schernikau, Jahrgang 1936 und gelernte Krankenschwester. »Wenn man es nicht wusste, dann hat es die Freundin gewusst. Wir hatten auch alle Verständnis füreinander. Allerdings – bei meiner Mutter hatte ich das auch noch nicht, als Jugendliche. Ich habe ihr damals sogar gesagt, es sei Mord. Das hat mir später sehr leid getan.« Auch ihre Mutter habe in einer ländlichen Gegend sofort jemanden gefunden, der eine Abtreibung durchführen konnte. »Da war es sogar die Hebamme. Das ganze Dorf hat es gewusst.«

Erst 1972 fällt der Paragraf. »Als dieser Antrag in der Volkskammer beschlossen wurde, haben sich bestimmte Abgeordnete enthalten oder dagegen gestimmt. Das war für die Volkskammer ungewöhnlich«, betont Erika Baum.

Einem »Spiegel«-Bericht von 1965 zufolge gab es damals schon eine interne Weisung des DDR-Gesundheitsministeriums an die Chefs der öffentlichen Krankenhäuser, die Abtreibungen unter besonderen Umständen insgeheim gestattete.[2] Zum Beispiel sei das der Fall, wenn die Schwangeren jünger als 16 oder älter als 40 Jahre seien oder wenn sie bereits allein oder mit ihrem Ehemann fünf oder mehr Kinder zu versorgen hätten. Weitere Indikationen seien: Vergewaltigung, sofern ein Ermittlungsverfahren eingeleitet worden sei, oder auch die Wahrscheinlichkeit schwerer Behinderungen beim Fötus. Konfessionellen Spitälern, so der »Spiegel«-Bericht, sei die interne Weisung aus dem Hause des DDR-Gesundheitsministers Max Sefrin (CDU) nicht zugegangen. Eine Unterschrift trug sie demnach auch nicht.

Nach der Legalisierung 1972 gab es jedoch Hindernisse in der Umsetzung: »Die Legalisierung war ja nur eine Seite. Es gab eine Übergangszeit, in der die ärztliche Betreuung noch nicht gesichert war«, sagt Erika Baum. »Die Mediziner an der Humboldt-Universität haben diese erste Zeit als außerordentlich schwierig empfunden. In den Spitälern gab es Probleme, weil die verbliebenen Gynäkologen überlastet waren. Einige sind damals in den Westen gegangen, weil sie keine Schwangerschaftsabbrüche durchführen wollten.«

1 Die Zeit, 26.11.1971.
2 Der Spiegel, 28.7.1965.

Gehasst und respektiert
Die zwei Leben der Hilde Benjamin

Der Lebenslauf von Hilde Benjamin ist exemplarisch für die Stärken und Schwächen der DDR, ihre Widersprüche und die historischen Gründe dafür. 1902 als Hilde Lange geboren, benötigte die spätere DDR-Justizministerin als Mädchen besondere Hartnäckigkeit und Selbstdisziplin, um Jura studieren zu können. Das Fach war in den zwanziger Jahren des letzten Jahrhunderts eine Männerdomäne – die wenigen Studentinnen wurden argwöhnisch betrachtet und durften sich keine Blöße geben.

Als Schülerin hatte sie sich auch ein naturwissenschaftliches Fach vorstellen können, aber im Rahmen ihrer Politisierung entschied sie sich endgültig für Rechtswissenschaften. Trotz ihres überlieferten Fleißes in Schule und Studium war sie keine »Streberin«, sondern von kritischem Geist. Nach der Ermordung von Rosa Luxemburg und Karl Liebknecht im Januar 1919 radikalisierte sich die junge Frau schrittweise. Die »Wandervogelbewegung«, mit der sie als Jugendliche unterwegs gewesen war, stand für Naturverbundenheit und Freiheitsliebe, hatte aber kein politisches Konzept und außer der Suche nach individuellen Nischen keine Antwort auf die Probleme der Zeit.

1926 heiratete die angehende Rechtsanwältin den Arzt Georg Benjamin, 1927 trat sie in die KPD ein. Wenig später verteidigte sie politisch verfolgte Linke. Ihre Kanzlei in Berlin-Wedding war eine wichtige Anlaufstelle für Genossinnen und Genossen – darunter viele, die sich eigentlich gar keinen

Anwalt leisten konnten. Von den Ärmsten der Armen nahm Hilde Benjamin kein Geld. Sie arbeitete eng mit der Roten Hilfe zusammen, die linke politische Gefangene ungeachtet ihrer Parteizugehörigkeit unterstützte. Politische Prozesse wurden von der Organisation mit öffentlichkeitswirksamen Kampagnen begleitet.

Hilde Benjamin war eine von rund 300 Anwältinnen und Anwälten, auf die die Rote Hilfe in der Weimarer Republik zurückgreifen konnte. Prominente wie der Physiker Albert Einstein, die Malerin Käthe Kollwitz und die Brüder Heinrich und Thomas Mann unterstützten die Organisation, die 1927 weltweit Großdemonstrationen gegen die Hinrichtung der Anarchisten Nicola Sacco und Bartolomeo Vanzetti in den USA organisierte.

Die Jahre, die zwischen der Zeit als junge Anwältin lagen, die 1933 Berufsverbot bekam, und der Richterin, die später als »blutige Hilde« geschmäht wurde, hatten nicht nur sie verändert, sondern viele der Überlebenden. Hilde Benjamin hatte in der Zwischenzeit ihren Mann verloren. Der Kommunist jüdischer Herkunft war im April 1933 in »Schutzhaft« genommen worden – kurz nach der Geburt des gemeinsamen Sohnes Michael. Nach acht Monaten Haft wurde Georg Benjamin zunächst entlassen, 1936 aber erneut zu sechs Jahren Zuchthaus verurteilt. Der offizielle Entlassungstermin wäre 1942 gewesen. Stattdessen wurde er ins KZ Mauthausen gebracht, wo er noch im selben Jahr durch einen Stromschlag starb.

Hinzu kam die andauernde Diskriminierung des gemeinsamen Kindes. Weil Michael Benjamin als »Mischling ersten Grades« keine höhere Schule besuchen durfte, gab ihm die Mutter zu Hause Unterricht. In den ersten Jahren ihres Berufsverbots hatte Hilde Benjamin in der sowjetischen Handelsvertretung in Berlin gearbeitet. Als sich die diplomatischen Beziehungen verschlechterten, gab es dort nichts mehr für sie zu tun. Später wurden sie und Michael von ihren Eltern unterstützt.

Aus Sorge um ihren Sohn habe sie damals keinen Anschluss an organisierte Parteiarbeit gesucht, schrieb Hilde Benjamin 1951 in einem internen Lebenslauf für die SED.[1] Allerdings hatte sie nicht Nein gesagt, als es darum ging, von der Deportation bedrohte jüdische Menschen aus ihrem Umfeld zu unterstützen. In mindestens einem Fall half sie bei der Beschaffung falscher Papiere.

»Blutige Hilde«

Wenige Tage nach Kriegsende wurde sie 1945 von der Sowjetischen Militäradministration als Staatsanwältin in Berlin-Steglitz eingesetzt. Die Loslösung von allen nationalsozialistischen Einflüssen und der Neuaufbau einer demokratischen Justiz waren Herausforderungen, denen sie sich ohne zu zögern stellte.

Als Mitglied der Kaderabteilung der Justizverwaltung und ab 1947 als deren Leiterin war sie an der Ausbildung von »Volksrichtern« beteiligt. Durch die Entnazifizierung war eine gewaltige Personallücke entstanden, die nur zum Teil mit pensionierten Richtern, Staats- und Rechtsanwälten aufgefüllt werden konnte. Hilde Benjamin wollte aus der Not eine Tugend machen und die Klassenstruktur der Justiz tiefgreifend verändern und antifaschistisch gesinnte Menschen auch ohne Abitur zu Richterinnen und Richtern ausbilden. Von Anfang an legte sie dabei großen Wert auf die Förderung von Frauen. Die Volksrichterlehrgänge dauerten zunächst sechs Monate und wurden später auf ein Jahr, dann auf zwei Jahre ausgeweitet.

Bis Ende der fünfziger Jahre wurden in der DDR Volksrichter ausgebildet und später zum Aufbaustudium verpflichtet. Anfang der Sechziger waren bereits über 30 Prozent der Richterstellen mit Frauen besetzt.

Die strikte Ablehnung der Todesstrafe, die in den Jahren der Roten Hilfe selbstverständlich gewesen war, hielt Hilde Benjamin nach dem Krieg nicht durch. Als Vizepräsidentin des Obersten Gerichts der DDR war sie 1950 beratend bei den Waldheimer Prozessen tätig und trug Mitverantwortung für Todesurteile gegen mutmaßliche Kriegs- und Naziverbrecher. Als Witwe eines im KZ zu Tode gekommenen jüdischen Mannes war sie nach heutigen Befangenheitskriterien dafür nicht geeignet. Über 3400 Verurteilungen – darunter 33 Todesurteile – erfolgten damals in Schnellprozessen von April bis Juni 1950. Pro Verfahren stand maximal eine Stunde Verhandlungsdauer zur Verfügung. »Verurteilungen wie am Fließband«, soll ein beteiligter Richter später gesagt haben.

Die Schriftstellerin Daniela Dahn bezeichnete später die Waldheim-Prozesse als »das schwärzeste Kapitel der DDR-Justiz«, wollte dies aber nicht im Raum stehen lassen, nachdem sie sich mit der Nachkriegsrealität in Frankreich und anderen europäischen Ländern beschäftigt hatte. Ihr Fazit: »Waldheim war überall. Nach dem Terror der Täter begann der Terror der Opfer«, sagte Daniela Dahn der Zeitschrift »konkret« in einem Interview 1998. »Franzosen, Italiener, Holländer, Belgier, Dänen, Bulgaren, Ungarn … Überall gab es Massenverhaftungen, Lager, Schnell- und Sondergerichte. Die beispiellosen Naziverbrechen und ihr totales Außerkraftsetzen jeder Rechtsstaatlichkeit hatten die Leidenschaften verständlicherweise so entfesselt, dass auch jetzt eine emotionslose, korrekte Rechtsprechung völlig ausgeschlossen war.«

Gutheißen wollte sie die Waldheimer Prozesse damit nicht: »Dies waren politische Schnellverfahren, die korrekte Ermittlungen weitgehend vermissen ließen und formaljuristischen Ansprüchen nicht genügten, sie wurden bis zum Revisionsverfahren meist ohne Anwalt und unter Ausschluss der Öffentlichkeit geführt.«[2]

Hilde Benjamin führte als Vorsitzende des 1. Strafsenats von 1949 bis 1953 insgesamt 13 große Verfahren, und unter den 67 Verurteilungen, die sie aussprach, waren zwei Todesurteile und 15 lebenslange Haftstrafen. Nicht alle dieser Verfahren richteten sich gegen mutmaßliche Kriegs- und Naziverbrecher oder Wirtschaftskriminelle. Auch Haftstrafen, die sie gegen Zeugen Jehovas und politische Gegner verhängte, die keine Nazis waren, trugen ihr den Ruf einer gnadenlosen Richterin ein.

Eines der beiden Todesurteile, die Hilde Benjamin persönlich aussprach, traf 1952 Johann Burianek, einen ehemaligen Wehrmachtssoldaten, der von der Internet-Enzyklopädie Wikipedia als »antikommunistischer Widerstandskämpfer bzw. Terrorist« vorgestellt wird. Das Gericht sah als erwiesen an, dass er mit der »Kampfgruppe gegen Unmenschlichkeit« einen schweren Terroranschlag auf eine Eisenbahnbrücke östlich von Berlin geplant hatte, mit dem der D-Zug Berlin–Warschau–Moskau zur Entgleisung gebracht werden sollte. Die Gruppe war für Sabotageakte bekannt und hatte für ihre westlichen Verbündeten die Energieversorgung der DDR ausgekundschaftet. Anlässlich seiner Rehabilitierung durch das Berliner Landgericht im Jahr 2005 wurde Burianek in Medienberichten als »Kombattant im Kalten Krieg« bezeichnet.[3]

»Wir wären froh, wenn wir auf Todesurteile verzichten könnten, aber unsere heutige Situation, die sich ständig steigernden Angriffe auf unsere Ordnung, gegen das deutsche Volk, zwingt uns dazu, diese schwere und höchste Strafe, die Todesstrafe, heute noch anzuwenden«, sagte Hilde Benjamin zur Urteilsbegründung.[4] Das zweite Todesurteil verhängte sie gegen eine Erna Dorn, deren Identität bis heute nicht zweifelsfrei geklärt ist – sie hatte sich gegenüber den Behörden selbst als ehemalige KZ-Wärterin bezichtigt und für den Tod von mehreren Menschen verantwortlich erklärt. Manche Indizien sprechen dafür, dass sie geistig verwirrt war, aber die Themen der Zeit verfolgte und geschickt in ihre ständig wechselnde Biografie einflechten konnte. Ehemalige KZ-Insassen hatten die Frau nicht identifizieren können.

»Wahrscheinlich hätte ein Mann an ihrem Platz nicht diese negative Berühmtheit erlangt. Eine Frau auf dem Richterstuhl scheint in der öffentlichen Meinung ungleich heftiger be- und verurteilt zu werden«, so die Einschätzung der Biografin Marianne Brentzel. Ein »Spiegel«-Korrespondent verglich Benjamin 1950 sogar mit dem Nazijuristen Roland Freisler. 1959 meinte der »Spiegel«, ihre Gewichtszunahme »im Amt des sowjetzonalen Justizministers« kommentieren zu müssen. In den Äußerungen der Westmedien vermischte sich Antikommunismus mit Herrenwitzen. Es ging nicht gegen jede Art von Gesinnungsjustiz, denn seit dem Verbot der KPD 1956 waren in Westdeutschland reihenweise politische Gegner inhaftiert worden, die zum Teil bereits in den Konzentrationslagern der Nazis gewesen waren.

Gleichwohl: In manchen Strafprozessen hatte Hilde Benjamin die Gespenster der Vergangenheit nicht besiegt. Ihre Haltung war zum Teil von Angst und Misstrauen geprägt, was sich in einer Politik der harten Hand äußerte. Ganz anders ihre Weichenstellungen für die Zukunft. Als erste Justizministerin der Welt und eine der wichtigsten Politikerinnen der DDR setzte sie sich konsequent für die Emanzipation der Frauen ein. 1953 hatte sie als Justizministerin Max Fechner abgelöst. Nicht nur der Frauenanteil im Justizapparat sollte sich weiter erhöhen, auch der Alltag der übrigen Frauen in der Republik sollte freier und selbstbestimmter werden.

Schon in den frühen fünfziger Jahren hatte sich Hilde Benjamin für ein Familiengesetzbuch auf der Grundlage der Gleichberechtigung von Mann und Frau eingesetzt. 1965 wurde der Gesetzentwurf in Millionenauflage verteilt – verbunden mit dem Aufruf zur öffentlichen Diskussion. Einer der hoffnungsvollen Momente, in denen ein Schritt in Richtung partizipative Demokratie gewagt wurde. Tausende von Ergänzungs- und Verbesserungsvorschlägen gingen im Ministerium ein. Im endgültigen Gesetzestext wurden 230 Änderungswünsche berücksichtigt. Jahre vor vergleichbaren Regelungen in Westdeutschland brachte das Familiengesetzbuch ein neues Namensrecht, das Mann und Frau die Wahl des Familiennamens freistellte, die rechtliche Gleichstellung der außerehelich geborenen Kinder und ein neues Scheidungsrecht ohne Schuldprinzip, wenn die Ehe ihren Sinn verloren hatte.

Hilde Benjamin wurde 1967 als Justizministerin von Kurt Wünsche, einem Politiker der Liberaldemokratischen Partei Deutschlands, abgelöst. Offiziell, hieß es, »aus gesundheitlichen Gründen«, was in verschiedenen Quellen angezweifelt wird. Allerdings blieb sie Leiterin der Kommission für ein neues Strafgesetz. Im Hinblick auf die Sexualmoral bedeutete das Gesetzeswerk eine Liberalisierung: Neben dem Abtreibungsverbot wurde auch die Kriminalisierung der Homosexuellen durch den alten Paragrafen 175 beseitigt.

Bis zu ihrem Tod blieb Hilde Benjamin Mitglied des Zentralkomitees der SED. Sie starb am 18. April 1989.

1 Die Autorin Marianne Brentzel durfte die Akte mit
 Erlaubnis von Michael Benjamin einsehen.

2 konkret, 5/1998.

3 Tod an der Front des Kalten Krieges. In: Berliner Tagesspiegel, 9.10.2005.

4 Brentzel, Marianne: Die Machtfrau. Hilde Benjamin 1902–1989.
 Berlin 1997, S. 201.

Ausbildung für alle
Erinnerungen an die ABF

In seinem Roman »Die Aula« hat Hermann Kant der Arbeiter-und-Bauern-Fakultät ein Denkmal gesetzt. Die Hauptfiguren sind vier männliche Zimmergenossen aus der Volkssturm-Generation – und allesamt aus proletarischen Berufsgruppen –, denen sich dort eine ganz neue Welt öffnet.

Auch Ruth Weiß ist eine Absolventin dieser frühen Form des zweiten Bildungsweges. Das Studium wird der 17-Jährigen nachdrücklich ans Herz gelegt, als 1951 eine Kommission in ihren Betrieb kommt, um Nachwuchs für die Arbeiter-und-Bauern-Fakultät, kurz ABF zu gewinnen. Eine groß angelegte Bildungsoffensive ist die Antwort auf den Mangel an qualifizierten Arbeitskräften, der durch die Entnazifizierung entstanden ist. Junge, politisch unbelastete Menschen aus Industrie und Landwirtschaft sollen auf Staatskosten die Hochschulreife nachholen und studieren.

In der Konsum-Fleischwarenfabrik in Reichenbach hat Ruth zunächst »Industriekaufmann« gelernt. »Von den Fleischerlehrlingen hat sich niemand überzeugen lassen, an die ABF zu gehen. Die wollten alle Geld verdienen, ich wollte das ja auch gern«, erinnert sie sich. Die Stipendien reichen zum Lernen in Vollzeit – aber nicht für viele Extras. »Wir hatten ja alle Entbehrungen erlebt, im Krieg und auch danach. Die jungen Männer wollten alle arbeiten, sie wurden ja auch alle übernommen. Es war ja nicht so, dass man in der DDR als Jugendlicher Angst vor Arbeitslosigkeit haben musste. Das gab es überhaupt nicht.«

Ruth ist FDJ-Organisator in ihrem Betrieb und steht der Kommission so gut es geht zur Seite. »Zwei oder drei Tage wurde dort mit allen gesprochen – ich war mit dabei und habe auch versucht, auf sie einzureden. Am Ende, als alle gegangen waren, haben sie mich dann überzeugt. Zuerst wollte ich auch nicht studieren; ich war nicht so der Typ – wir hatten zu Hause bis 1945 keine Bücher, muss ich sagen. Dann haben sie mich überredet: ›Du mit deiner Überzeugung, du musst doch. Du siehst das doch ein!‹ Erst habe ich gedacht, ich schaffe das nicht. Aber ich habe mich verpflichtet gefühlt – ich war ja auch mit 16 Jahren Kandidat der SED geworden.«

In Leipzig holt Ruth das Abitur nach. Im ersten Jahr wohnt sie in einem neuerbauten Studentenheim gegenüber der ABF. »Wir waren zu dritt in einem Zimmer, das für damalige Verhältnisse modern eingerichtet war. Wenn ich mich recht erinnere, mussten wir 20 Mark Miete im Monat bezahlen – und wir hatten dort Vollverpflegung. Im Erdgeschoss gab es eine Kantine, in der ersten Etage wohnten nur Frauen, in den oberen Etagen wohnten auch Männer.« Das normale Stipendium beträgt 180 Mark – für einen Notendurchschnitt von 2 gibt es 40 Mark mehr. Ein Notendurchschnitt von 2,2 zählt noch als 2. Damit gehört Ruth zwar nicht zu den Besten, aber ihre Sorge, sie könne es nicht schaffen, ist unbegründet.

1953 heiratet sie Hellfried Weiß, der Außenpolitik studieren will. »Das konnte er auch ohne Abitur, musste aber in Berlin noch zu einer Prüfung. Er war ein anderer Typ als ich und hat viel gelesen. Ihn haben sie auch ohne Abitur genommen. Er war ja mit 21 schon Parteischullehrer in Obermylau.«

Bei der endgültigen Wahl ihres Studienfachs spielt auch die Liebe eine Rolle. Zunächst will sie Jura studieren und bewirbt sich erfolgreich an der Akademie für Staats- und Rechtswissenschaften in Potsdam-Babelsberg. Doch dann kommen ihr Bedenken wegen möglicher Auslandstätigkeiten ihres Mannes. Lange Trennungszeiten will sie nicht in Kauf nehmen, aber auch nicht nur als Anhängsel mit ins Ausland gehen, sondern selbst die Möglichkeit haben, dort zu arbeiten. Deshalb wechselt sie die Fachrichtung und studiert auch Außenpolitik.

Studentin mit Kind

Potsdam-Babelsberg in den fünfziger Jahren des letzten Jahrhunderts. In Villen, die früher von Filmschauspielern bewohnt wurden, sind die Studentenheime der Akademie für Staats- und Rechtswissenschaften untergebracht. Eine Mensa ist zusätzlich gebaut worden.

»Leisten konnten wir uns nicht viel, aber Miete und Essen waren spottbillig. Eine Flasche Wein war auch immer wieder mal drin – wir haben in unserem Leben nie wieder so viel gefeiert wie in Babelsberg«, erinnert sich Ruth. Allerdings nimmt der neue Staat seine Bildungsrevolution sehr ernst: Heimfahren dürfen die Studenten nicht allzu oft. »Es gab während unseres Studiums noch ein sehr strenges Regime dort. Wir konnten am Wochenende nicht einfach nach Hause, wann wir wollten.« Dabei sind viele der jungen Studenten bereits verheiratet und haben Kinder. »Für uns beide war es nicht so schlimm, aber für die, die ihre Frauen zu Hause hatten. Einer hat gesagt: ›Wenn ich nur alle sechs Wochen nach Hause komme, sagt mein Sohn Onkel zu mir.‹ Das war schon übertrieben. Aber es hat sich noch während unserer Zeit ein bisschen gelockert.«

Auf schwangere Studentinnen ist die Akademie vorbereitet – viele der jungen Frauen verlieben sich hier, einige finden hier den Partner fürs Leben, aber die Pille gibt es noch nicht.

Auch Ruth bringt noch während des Studiums 1956 ihren ersten Sohn zur Welt. Natürlich war er zu diesem Zeitpunkt nicht geplant, aber sie freut sich. Es ist kein Hindernis. »Zum Glück hatten wir an der Akademie eine Wochenkrippe.« Zwischen den Vorlesungen rennt die 22-Jährige zum Stillen. »Sonst hatten wir das Kind nur am Wochenende und in den Ferien. Es war anstrengend, aber ich musste mein Studium nicht unterbrechen. Er ist in den Ferien geboren, am 25. August. Danach hatte ich sechs Wochen frei.« Im Jahr darauf legt sie ihr Staatsexamen ab – zeitgleich mit ihrem Mann.

Berg- und Talfahrt im Beruf

1957 scheitert ein beruflicher Aufstieg von Frauen im diplomatischen Dienst an schlechten Erfahrungen mit der Mentalität anderer Staaten – die DDR ist ihrer Zeit voraus und stößt in diesem Bereich an ihre Grenzen. Hier spielt auch das patriarchalische Bewusstsein in anderen Ländern und Kulturkreisen eine Rolle. Als Alexandra Kollontai schon Jahrzehnte früher erfolgreich in der Diplomatie war, hatte dies vielleicht etwas mit der Größe des Landes zu tun, das sie repräsentierte.

»Als wir fertig waren, wollte das Außenministerium keine Frauen mehr. Die Begründung war, Frauen ließen sich im diplomatischen Dienst nicht so gut einsetzen«, sagt Ruth. »Aber wir sind alle vom Außenministerium weitervermittelt worden. Das Institut, an dem wir studiert hatten, stand ja unter der Regie des Außenministeriums. Eine von uns kam zum Büro des Internationalen Frauenbundes in Berlin, ich selbst wurde an die Zentrale des Deutschen Reisebüros in Berlin vermittelt. Von zwei Frauen weiß ich, dass sie ins Ministerium für Staatssicherheit gegangen sind. Aber ich nehme an, dass sie vorher schon Kontakt gehabt hatten und zum Studium delegiert worden waren. Jedenfalls stand keine der Frauen auf der Straße.«

Das ist ein Vorteil der Planwirtschaft. Das Außenministerium fühlt sich zuständig für die Belange der Absolventinnen, die es nicht einsetzen kann – und kümmert sich auch um die Vereinbarkeit von Beruf und Familie: »Als ich nach dem Studium zum Deutschen Reisebüro kam, gab es große Schwierigkeiten, einen Krippenplatz zu bekommen. Es hat ein paar Wochen gedauert. Wenn ich mich recht entsinne, habe ich den Krippenplatz über das Außenministerium erhalten.«

Eine gemeinsame Wohnung bekommen Ruth und ihr Mann erst 1961 – acht Jahre nach der Hochzeit. »Bis dahin hatten wir entweder im Studentenheim oder im Heim des Außenministeriums gewohnt. Wir hatten unser eigenes Zimmer. Von dort kamen wir nach Karlshorst, wo wir auch erst nur ein Zimmer hatten, bis 1958 mein zweites Kind kam. Ich will damit bloß sagen: Wir hatten nichts. Keine eigenen Möbel, bis auf eine Couch, einen Tisch und zwei Sessel.« Ihr Lebensgefühl in dieser anstrengenden Zeit: »Es geht bergauf; wir schaffen das.« Die härteste Probe: ein längerer Auslandsaufenthalt.

»Im November 1958 sind wir nach Warschau gegangen. Hellfried hatte dort für ein Jahr eine Praktikantenstelle in der Botschaft. Die Kinder konnten wir nicht mitnehmen, weil sie keine entsprechende Wohnung für uns hatten. Er hätte allein dorthin gekonnt oder mit mir. Für die Dauer des Auslandseinsatzes hätte ich mit den Kindern 70 Prozent des DDR-Gehalts meines Mannes in Berlin zur Verfügung gehabt. Krippenplätze habe ich nicht bekommen und hätte deshalb kein eigenes Einkommen gehabt. Wir waren Mitglied einer Arbeiter-Wohnungsbau-Genossenschaft, für die wir monatliche Raten zu zahlen hatten. Nach langem Rechnen haben wir uns schweren Herzens entschieden, die Kinder für diese Zeit zu meiner Mutter nach Reichenbach zu geben. Sie hatte sich bereiterklärt. Während sie verkürzt gearbeitet hat, kümmerte sich meine Großmutter um die Kinder – die war damals schon 70. Wir hatten schon schwere Zeiten. Das kann man sich heute nicht vorstellen, zwei solche Kinder … Sie waren ja gut aufgehoben; als junger Mensch, in dem Moment, wo wir die Entscheidung getroffen haben, fand ich das auch in Ordnung. Aber als wir in Warschau waren, haben wir unsere Kinder sehr vermisst.«

Ruth arbeitet zunächst in der Konsularabteilung der Botschaft, aber dort kann sie nicht bleiben. »Hellfried musste im Rahmen seines Praktikums durch verschiedene Abteilungen. Als er in die Konsularabteilung kam, musste ich weg, weil damals kein Ehepaar in derselben Abteilung arbeiten durfte. Dann wollten sie mich in die allgemeine Verwaltung stecken – mit demselben Gehalt, das ich vorher bekommen hatte. Aber das gefiel mir nicht; ich hatte ja auch ein Außenpolitikstudium abgeschlossen. Dann haben sie mich in der Konsularabteilung direkt ins Passwesen gesetzt.«

Dort fühlt sie sich aus anderen Gründen nicht wohl: »Die anderen Mitarbeiter im Passwesen bekamen weniger Geld als ich; und ich hatte so einen ausgesprochenen Gerechtigkeitssinn – das hat mir dann auch nicht gepasst. In der Abteilung wurde auch darüber geredet.« Die Situation bedrückt sie so sehr, dass sie beim Außenministerium kündigt: »Dabei war es damals üblich, einen Aufhebungsvertrag zu machen, ich war 25 und hatte mich mit den Gepflogenheiten – Aufhebungsvertrag, Kündigung – nicht vertraut gemacht, aber ich habe mich in meiner Haut nicht wohl gefühlt. Die Kündigung hat man mir auch ein bisschen negativ angelastet. Es war aber kein Hinderungsgrund, als ich mich später beim Außenhandelsministerium beworben habe. Im Kadergespräch hat man mich zwar darauf angesprochen, aber ich wurde trotzdem genommen.«

1961 fängt Ruth als wissenschaftliche Mitarbeiterin im Ministerium für Außenhandel und Innerdeutschen Handel (MAI) an. Drei Jahre später bekommt sie ihr drittes Kind. »Als ich die Schwangerschaft bemerkt habe, war ich völlig perplex. Ich hatte überhaupt nicht damit gerechnet. Am Anfang war ich dann zu Hause, da hatte ich wieder keinen Krippenplatz. Das war '64 immer noch ein Problem, da musstest du schon warten.« 1968 gelingt ihr der Wiedereinstieg ins Außenhandelsministerium. Lateinamerika und die Entwicklungsländer gehören zu ihrem Sachgebiet. »Die Arbeit hat mir Spaß gemacht, obwohl sie anstrengend war«, erinnert sich Ruth. 1970 leitet sie eine Delegation nach Chile, zum Kupfertagebau Chuquicamata.

Nach dem Militärputsch in Chile 1973 gerät sie in einen Streit mit einem Kollegen: »Wir hatten ja oft Leute da, die sich auf Auslandseinsätze vorbereitet haben oder von Auslandseinsätzen kamen, auch aus Chile. Dadurch hatten wir regelmäßig Lageeinschätzungen. Der Kollege, der mit mir in einem Zimmer saß, war der Meinung, diese Leute würden alle übertreiben. So schlimm sei es ja gar nicht mit Pinochet. Bei Versammlungen hat er aber die offizielle Linie vertreten. Die fand ich auch richtig. Aber für seine Doppelzüngigkeit habe ich ihn kritisiert. Damit konnte er überhaupt nicht umgehen. Die Auseinandersetzung ging so weit, dass ich dort die Segel gestrichen habe. Er hat einen regelrechten Kleinkrieg gegen mich geführt – heute würde man das Mobbing nennen. Das habe ich nicht durchgehalten.«

Der Konflikt, den sie schildert, wird vielen Frauen aus ganz unterschiedlichen Ländern bekannt vorkommen: »Die Arbeit, die ich gemacht habe, haben sonst vorwiegend Männer gemacht. Wir waren wenig Frauen. Die Männer kannten sich auch alle schon länger. Die hielten alle zu ihm. Zuerst habe ich mit ihm persönlich diskutiert. Dann habe ich mich an den Organisator der Parteigruppe gewendet, es hat sich nichts getan. Dann habe ich mit dem Abteilungsleiter gesprochen – nichts.« Nachdem der Konflikt eskaliert ist, wechselt sie die Arbeitsstelle.

Ruth sieht darin kein DDR-typisches Problem, sondern althergebrachte Verhaltensweisen, die noch nicht überall besiegt waren. Später kehrt sie noch einmal ins Außenhandelsministerium zurück. »Rückblickend bin ich glücklich darüber, den größten Teil meines Lebens mit meiner Familie in der DDR gelebt zu haben«, sagt sie. »Meine Kindheitserfahrungen – Arbeitslosigkeit der Eltern, Schmalhans Küchenmeister, Küche und Schlafzimmer für vier Personen; Faschismus, politische Verfolgung und Inhaftierung meines Vaters und meines Großvaters, Krieg und Bombennächte im Keller und im Wald – all das hat mich von frühester Jugend an offen für einen völlig anderen, besseren Staat gemacht. Ich habe mich von Anfang an mit der DDR identifiziert, habe nach Kräften mitgearbeitet und weiß, dass mein Leben so, wie ich es gelebt habe, mit Studium und drei Kindern, nur in der DDR möglich war. Gehofft habe ich, dass die Mehrheit der DDR-Bürger sich nach und nach ebenfalls mit dem Land und seinem Staat identifizieren wird. Probleme habe ich genug gesehen, auch unabhängig von meinen persönlichen – und darauf vertraut, dass die politisch erfahrenen Persönlichkeiten der Partei- und Staatsführung willens und in der Lage sind, die Probleme zu lösen. Besonders die achtziger Jahre haben in mir manchen Zweifel daran aufgebracht«, betont Ruth.

»Trotzdem bin ich noch heute davon überzeugt, dass die DDR für einfache Menschen wie mich der bessere Staat war, weil es weder Arbeitslosigkeit noch Zwangsversteigerungen von überschuldeten Häusern und Obdachlosigkeit gab. Gute Bildung war unabhängig vom Geldbeutel der Eltern; und es gab keine Zweiklassenmedizin. Diese Errungenschaften werden sicher nicht nur mir in Gedächtnis bleiben. Und in Erinnerung bleibt mir auch, dass Erich Honecker das Kreuz hatte, während der höchstgefährlichen Raketenkrise aufgrund der Neustationierung von atomaren Mittelstreckenraketen in West- und Ostdeutschland durch die USA und die Sowjetunion in den achtziger Jahren zu sagen: ›Das Teufelszeug muss weg!‹ Das hat er getan – bei allen Mängeln in manchen seiner politischen Konzepte. Die sowjetischen Raketen sind heute schon über 15 Jahre von deutschem Boden abgezogen, aber kein Bundeskanzler und keine Bundeskanzlerin hat es bisher gewagt, den Abzug der US-Atomwaffen aus Deutschland zu fordern.«

Streifzug durch 40 Jahre
Frauengeschichte in der DDR

Am 7. Oktober 1949 wird die DDR gegründet. Die Verfassung garantiert ihren Bürgerinnen die gleichen Rechte wie ihren Bürgern. Der provisorischen Volkskammer gehören 17 Prozent Frauen an. Bei der ersten Wahl am 15. Oktober 1950 werden über die Listen der Nationalen Front 111 Frauen in die Volkskammer gewählt – das entspricht 23,8 Prozent der Abgeordneten. Über zehn Millionen Frauen und Mädchen leben zu diesem Zeitpunkt auf dem Gebiet der DDR. Ihr Anteil an der Wohnbevölkerung liegt bei 55,6 Prozent. Mit der Zeit wird sich der Anteil der Männer wieder erhöhen, denn es ist Frieden.

Die Frauen werden trotzdem knapp in der Überzahl bleiben. Insgesamt werden in den nächsten Jahren weniger Menschen in der DDR leben, denn viele gehen in den Westen.

Die Frauenerwerbsquote liegt im ersten Jahr der DDR bei 40 Prozent – und es ist durchaus üblich, dass Männer als Agitatoren in Sachen Frauenemanzipation auftreten: »Wenn man davon spricht, dass durch die Einbeziehung der Frauen in den Produktionsprozess die Würde der Frauen verletzt wird, so möchte ich sagen: Man kann der Frau nichts Unwürdigeres zumuten, als das unbezahlte Dienstmädchen des Mannes zu sein«, erklärt Ministerpräsident Otto Grotewohl vor der Provisorischen Volkskammer.[1] »Es gibt nichts, was mehr die Würde der Frau als Mensch verletzt, als sie zu einem solchen Dienstleistungsobjekt zu degradieren.« Nur fünf Prozent der Arbeiterinnen in der materiellen Produktion haben zu diesem Zeitpunkt eine Berufsausbildung. Das wird sich in den nächsten Jahren ändern.

Zum Internationalen Frauentag, der am 8. März 1950 zum ersten Mal in der DDR begangen wird, werden in zahlreichen Orten der DDR Straßen und Plätze nach der kommunistischen Frauenrechtlerin Clara Zetkin benannt. Der Demokratische Frauenbund Deutschlands hat bereits über eine halbe Million Mitglieder.

Am 27. September 1950 wird das »Gesetz über den Mutter- und Kinderschutz und die Rechte der Frau« verabschiedet. Es enthält ein Maßnahmenpaket zur Schaffung von Kinderbetreuungseinrichtungen. Außerdem wird das Ehe- und Familienrecht neu geregelt und Maßnahmen zur Sicherung des Rechts auf Arbeit für Frauen werden getroffen. Schwangere und Frauen mit Kindern bis zu einem Jahr erhalten Kündigungsschutz.

Am 4. Oktober 1950 wird Eva Altmann Rektorin der Hochschule für Planökonomie in Berlin Karlshorst – sie ist damit die erste weibliche Hochschulrektorin der deutschen Geschichte.

1951 erhält die Schriftstellerin Anna Seghers als erste Frau den Nationalpreis 1. Klasse, der nun alljährlich am 7. Oktober zum Jahrestag der Gründung der Republik verliehen wird.

Am 29. Januar 1952 gründen Arbeiterinnen der Elbe-Werft Boizenburg den ersten Betriebsfrauenausschuss der DDR.[2] Ein Jahr später bestehen bereits 4185 Frauenausschüsse in Betrieben der Industrie und der Landwirtschaft. Der Vorschlag kam »von oben«, wird aber an der Basis gerne aufgegriffen: »In den Betrieben der Industrie und Landwirtschaft, in denen eine größere Anzahl Frauen arbeitet, wählen die Frauen, wenn sie es für notwendig halten, einen Frauenausschuss«, heißt es im Beschluss des Politbüros des Zentralkomitees der SED vom 8. Januar 1952. »Die Zugehörigkeit zu diesem Ausschuss ist unabhängig von der Mitgliedschaft in politischen und sonstigen Organisationen.«

Es geht um die Verwirklichung der Rechte, die auf dem Papier bereits bestehen. Die Frauenausschüsse können den Betriebs- und Gewerkschaftsleitungen Vorschläge zur Förderung und Qualifizierung der Frauen unterbreiten – und auch entsprechende Kontrolle ausüben, denn die SED verpflichtet ihre Kader in Betrieben und Gewerkschaftsleitungen, »die Frauenausschüsse in ihrer Tätigkeit allseitig zu unterstützen«.

Am 18. August 1953 wird die ehemalige Landarbeiterin Frieda Sternberg Vorsitzende der Landwirtschaftlichen Produktionsgenossenschaft in Bennewitz bei Wurzen. Im Jahr darauf wird sie zur Kandidatin des ZK der SED gewählt und später zum Mitglied der Frauenkommission beim Politbüro berufen. Ende 1953 sind in der DDR rund 60 Prozent der Frauen berufstätig oder befinden sich in einer Ausbildung. An den Fachschulen sind 24,7 Prozent der Studierenden weiblich, an den Universitäten und Hochschulen sind es 22,1 Prozent. Der Anteil weiblicher Lehrlinge beträgt insgesamt 38,9 Prozent, in der Industrie 36 Prozent. Von je 1000 Kindern unter drei Jahren werden 47 in

Kinderkrippen und anderen Einrichtungen betreut. Zur Entlastung der Frauen von der Hausarbeit sind kommunale Dienstleistungseinrichtungen geschaffen worden: 1953 etwa werden dort 9299 Tonnen Haushaltswäsche gewaschen.

Am Vorabend des Internationalen Frauentages wird 1954 bei einem Staatsakt in Berlin erstmals die Clara-Zetkin-Medaille verliehen. Ausgezeichnet werden 58 verdiente Persönlichkeiten. Für hervorragende Leistungen beim Aufbau des Sozialismus in der DDR, im Kampf um die Erhaltung des Friedens, in der Arbeit mit den Frauen und bei der Verwirklichung der Gleichberechtigung der Frau erhalten zukünftig neben Einzelpersonen auch Kollektive, Betriebe, Institutionen und Organisationen die Auszeichnung.

»Hilfst du deiner Frau in der Hauswirtschaft?«, fragt die »Junge Welt« 1955 junge DDR-Ehemänner. »Sorgst du dafür, dass sich deine Frau weiterbildet, in ihrem Beruf vorankommt und am gesellschaftlichen Leben teilnimmt? Lehnst du Seitensprünge ab, und bist du immer treu? Denkst du an sie, wenn du mit anderen Mädchen tanzt? Achtest du auch zu Hause auf dein Äußeres?«
Junge Ehefrauen werden gefragt: »Bist du auf deinen Mann nicht eifersüchtig, wenn er zu seinen Arbeitskolleginnen nett ist? Bildest du dich weiter, und nimmst du am gesellschaftlichen und beruflichen Leben deines Mannes Anteil?« Der »Spiegel«, der die DDR damals noch »Sowjetzone« nennt, findet das alles sehr skurril und zitiert es in einem Artikel über die hohe Zahl der Scheidungsfälle in den Reihen der FDJ. Für BRD-Verhältnisse der Ära Adenauer mit Sicherheit ein Skandal.[3] Die Diskussion über Probleme junger Ehen, die

in der »Jungen Welt« veranstaltet wird, sei »auf ausnehmend reges Interesse unter den Jugendlichen gestoßen«, schreibt der »Spiegel«.

Als gesamtdeutscher Frauenkongress wird Anfang Juli 1955 der V. Bundeskongress des DFD in Berlin durchgeführt. Das Motto: »Frieden, Einheit, Gleichberechtigung – für ein glückliches Leben der Frauen in ganz Deutschland«. Ein Deutscher Frauenrat für die Rechte der Frau und für die Sicherung des Friedens wird gegründet. Ihm gehören 36 Frauen aus beiden Teilen Deutschlands an.

1956 ist nicht nur das erste Jahr des regulären DDR-Fernsehens. Am 19. Januar wird eine Anordnung über materielle Hilfe für alleinstehende werktätige Mütter bei der Erkrankung ihrer Kinder erlassen. Für deren Pflege steht ihnen bis zu vier Wochen im Jahr finanzielle Unterstützung zu.

Am 5. März 1956 empfängt Präsident Wilhelm Pieck 30 Vertreterinnen der Frauenausschüsse volkseigener Großbetriebe. An dem Gespräch über den Stand der Frauenförderung und die Situation in den Betrieben nimmt auch Edith Baumann, Leiterin der Arbeitsgruppe Frauen des ZK der SED und geschiedene Frau von Erich Honecker, teil.

Am 28. März 1957 beschließt das Ministerium für Handel und Versorgung der DDR ein »Programm über Maßnahmen zur Entlastung der werktätigen Frauen durch den sozialistischen Handel«. Neue Selbstbedienungsläden sollen geschaffen, das Netz von Betriebsverkaufsstellen erweitert und die Ladenöffnungszeiten dem Schichtrhythmus angepasst werden. Außerdem soll das Angebot an Haushaltsgeräten verbessert werden. Das Programm ist ein Spiegel der gesellschaftlichen Realität, dass noch in erster Linie Frauen für Einkauf und Hausarbeit zuständig sind – sonst hieße es geschlechtsneutral »Programm über Maßnahmen zur Entlastung der Werktätigen durch den sozialistischen Handel«.

1957 sind bereits 65 Prozent der Frauen berufstätig oder befinden sich in einer Ausbildung. Auch der Anteil der weiblichen Studierenden hat zugenommen: An den Fachschulen sind es nun 30,7 Prozent, an den Hochschulen und Universitäten 25,1 Prozent.

Der Kalte Krieg ist zu dieser Zeit für Frauen in ganz Deutschland Anlass zur Sorge. Im Juni 1958 führt der Deutsche Frauenrat in Leipzig ein gesamtdeutsches Frauentreffen »Gegen den Atomtod – für Frieden und Verständigung« durch.

Im Oktober 1958 entsteht im Leipziger Stadtbezirk Südwest der erste »Treffpunkt der Frau«. Nach diesem Vorbild werden bis Anfang 1959 im ganzen Land über 100 solcher Treffpunkte als kulturelle Zentren in Wohngebieten eingerichtet.

Ein neues Arbeitsgesetzbuch, das am 12. April 1961 er-. scheint, enthält Auflagen zur Verbesserung der Kinderbetreuung und zur materiellen Unterstützung alleinstehender Mütter und Väter (»alleinstehende Werktätige«) bei Krankheit der Kinder. Außerdem beinhaltet es die Möglichkeit eines unbezahlten Babyjahres für Frauen: »Die Betriebszugehörigkeit wird dadurch nicht unterbrochen.«

Im Januar 1962 gibt es bereits knapp 20000 Frauen-ausschüsse in DDR-Betrieben. Das ZK der SED führt aus diesem Anlass eine Frauenkonferenz in Berlin mit durch. Im gleichen Monat beschließt die Volkskammer das Gesetz über die allgemeine Wehrpflicht: Im Vertei-digungsfall können auch diensttaugliche Frauen vom 18. bis zum 50. Lebensjahr zu Sonderdiensten in der Nationalen Volksarmee verpflichtet werden. Berufstä-tig oder in Ausbildung sind nun schon über 70 Prozent der DDR-Bürgerinnen.

Im Januar 1963 erscheint die erste Ausgabe der Zeit-schrift »Für Dich. Illustrierte Wochenzeitschrift für die Frau« im Berliner Verlag. Bis 1977 erreicht sie eine Auflage von 900000 Exemplaren. Chefredakteurin ist bis 1967 Yvonne Freyer, bis 1980 Lieselotte Thoms-Heinrich und danach Marlis Allendorf.

Der Stand der Gleichberechtigung soll nun auch wis-senschaftlich beobachtet und erforscht werden. Auf Beschluss des Ministerrats wird im Mai 1964 bei der Deutschen Akademie der Wissenschaften zu Berlin der Wissenschaftliche Beirat »Die Frau in der sozialis-tischen Gesellschaft« gegründet: ein interdisziplinäres wissenschaftliches Gremium zur Analyse der Lage der Frauen in der DDR, das von der Frauenkommission beim Zentralkomitee der SED vorgeschlagen wurde. Aufgrund seiner Erkenntnisse soll der Beirat Vor-schläge für die weitere gesellschaftliche Förderung von Mädchen und Frauen erarbeiten. Zu diesem Zeitpunkt gibt es organisierte Frauenforschung weder in den an-deren sozialistischen Ländern noch in der Bundesrepu-blik oder den anderen westeuropäischen Ländern. Nur in Nordeuropa beginnt Frauenforschung etwa zur gleichen Zeit.⁴ Der Vorsitzende des DDR-Beirats ist allerdings ein Mann: Der Präsident der Akademie, Prof. Dr. Werner Hartke. Seine Stellvertreterin ist Dr. Anita Grandke.

Außer dem neuen Familiengesetzbuch, das neben der rechtlichen Gleichstellung der ehelichen und nichtehelichen Kinder und der Abschaffung des Schuldprinzips bei der Scheidung ein neues Namensrecht bringt, gibt es 1965 weitere wichtige Reformen. Das »Gesetz über das einheitliche sozialistische Bildungssystem« wird am 25. Februar beschlossen. Es regelt die Organisation der Vorschulerziehung, der zehnklassigen polytechnischen Oberschulen, der Berufsschulen sowie der Universitäten und Hochschulen. Im November 1965 lässt das Zentrale Institut für Arzneimittelwesen die »Wunschkindpille« Ovosiston von Jenapharm zu. In der BRD kam das hormonelle Verhütungsmittel unter anderem Namen vier Jahre früher auf den Markt, wurde aber anfangs nur verheirateten Frauen verschrieben.

»Oft waren Tränen in den Jahrhunderten der Unterdrückung die einzige Waffe der Frau. Als Ausdruck der Hilflosigkeit des Protestes werden sie immer seltener, in dem Maße, wie das Selbstbewusstsein der Frauen wächst, die sich ihrer Rolle in unserer Gesellschaft und ihrer Gleichberechtigung bewusst werden«, sagt Helga Hörz in einem Interview, das 1968 im Novemberheft der DDR-Frauenzeitschrift »Für Dich« erscheint. Es geht um die »Natur der Frau«. Überschrift: »Das ›Ewigweibliche‹?« Helga Hörz, die als »typische Vertreterin der jungen Wissenschaftlergeneration« der DDR vorgestellt wird, sagt, es gebe keinen einzigen wissenschaftlichen Beweis für die Existenz »ewigweiblicher« Eigenschaften. »Das unterschiedliche Geschlechterverhalten ist nicht naturgegeben, sondern abhängig von den gesellschaftlichen Bedingungen.« Die promovierte Philosophin verweist auch auf die unterschiedliche Ausprägung der »Mütterlichkeit« von Frauen.[5]

Die DDR-Frauenforschung befasst sich zu dieser Zeit auch mit der Mädchenerziehung. Das westdeutsche Magazin »Der Spiegel« zitiert 1969 den Ostberliner Sozialwissenschaftler Dr. Paul Heilhecker, der von »tradierten Trägheitsfaktoren« spreche. Während sich Väter – nach den »Wunscheigenschaften« ihrer Söhne befragt – für »klug«, »willensstark« und »technisch interessiert« entschieden, sehnten sich Mütter vor allem nach »warmherzigen«, »herzlichen« und »wissbegierigen« Töchtern.[6]

Im Juni 1969 treffen sich in Berlin, Hauptstadt der DDR, über 1000 Delegierte des Demokratischen Frauenbundes Deutschlands, um nach 20 Jahren sozialistischer Frauenpolitik Bilanz zu ziehen. Es ist der zweite Frauenkongress des DFD, der zu diesem Zeitpunkt rund 1,3 Millionen Mitglieder hat. Das Motto ist etwas sperrig: »Der Frauen Herz, Wissen und Tat für unseren sozialistischen Friedensstaat.« Zwar fordern die Delegierten mehr Kindergärten, leistungsfähigere Wäschereien, eine bessere Schulspeisung für die Kinder und bessere Qualifizierungschancen für Frauen, sie sind aber auch stolz auf das Erreichte.

Von 500 Abgeordneten der Volkskammer sind zu diesem Zeitpunkt 153 Frauen. Das entspricht einem Prozentanteil von 30,6. Im Bundestag sind zur selben Zeit von 518 Abgeordneten 41 weiblich – das entspricht einem Prozentanteil von 7,9. Bürgermeisterinnen amtieren in 1172 von 9021 Städten und Gemeinden der DDR; in acht Ländern der Bundesrepublik mit 14 869 Städten und Gemeinden gibt es dagegen nur zwölf weibliche Bürgermeister – Niedersachsen, Nordrhein-Westfalen und Rheinland-Pfalz haben noch keine Statistik darüber. 34 Prozent der Richterstellen in der DDR sind 1969 mit Frauen besetzt; in der BRD sind es erst sechs Prozent. Im Lehrerberuf haben DDR-Frauen längst die 50-Prozent-Marke überschritten – und häufiger als in westlichen Ländern haben sie traditionelle Männerberufe ergriffen: 41 Prozent der Arbeiter und Angestellten in der Industrie sind weiblich, im Handel sowie im Post- und Fernmeldewesen sind es zwei Drittel und in der Landwirtschaft knapp 50 Prozent. Im Baugewerbe sind mit zwölf Prozent vergleichsweise wenig Frauen beschäftigt. Die Frauenerwerbsquote der DDR liegt nun bei rund 78 Prozent.

Das Politbüro der SED hat allerdings noch etwas von einem jemenitischen Teehaus: Dem höchsten Leitungsgremium gehören insgesamt 21 Mitglieder und Kandidaten an – und wenn die Kandidatin Margarete Müller krank oder verhindert ist, sitzen hier ausschließlich Männer. Einzige Frau im Ministerrat ist seit der Ablösung von Hilde Benjamin als Justizministerin die Volksbildungsministerin Margot Honecker. Deren Ehemann Erich Honecker löst am 3. Mai 1971 den ersten Sekretär des Zentralkomitees der SED, Walter Ulbricht, ab.

Unterdessen droht der Afroamerikanerin Angela Davis in den USA die Todesstrafe. Die junge Dozentin ist durch ihre Ablehnung des Vietmankriegs und ihr offenes Bekenntnis zum Kommunismus ins Visier des FBI geraten. In einer konstruierten Anklage wegen

»Verschwörung, Entführung und Mord« wird ihr vorgeworfen, ihre persönliche Waffe für eine blutig beendete Gefangenenbefreiung zur Verfügung gestellt zu haben. In der DDR läuft die Solidaritätskampagne »Eine Million Rosen für Angela Davis« an, die von der FDJ-Zeitung »Junge Welt« getragen wird. Millionen Solidaritätsgrüße sollen der Angeklagten Kraft geben und Druck auf die amerikanische Justiz ausüben. Die Aktion ist Teil einer weltweiten Solidaritätskampagne.

»Worauf es ankommt, ist die schrittweise Lösung jener Probleme, von denen es abhängt, ob eine Frau von ihren gleichen Rechten auch in vollem Umfange Gebrauch machen kann«, stellt Erich Honecker im Juni 1971 beim VIII. Parteitag der SED fest. Konkrete Maßnahmen folgen 1972 – zum Beispiel in Form der Arbeitszeitverkürzung für vollbeschäftigte mehrfache Mütter. Schichtarbeiterinnen mit zwei oder mehr Kindern wird bei vollem Lohnausgleich die Wochenarbeitszeit von 43,75 auf 40 Stunden verkürzt. Alle anderen vollbeschäftigten Mütter kommen ab drei Kindern in den Genuss dieser Maßnahme. Insgesamt profitieren rund 800 000 Mütter von der Arbeitszeitverkürzung. Die einmalige staatliche Geburtenhilfe wird auf 1000 Mark erhöht; der Schwangerschafts- und Wochenurlaub von 14 auf 18 Wochen verlängert. Es ist ein gemeinsamer Beschluss des ZK der SED, des Ministerrats und des Bundesvorstands des Freien Deutschen Gewerkschaftsbundes (FDGB) vom 27. April 1972.

Am 9. März 1972 fällt der Paragraf 218. Das »Gesetz über die Unterbrechung der Schwangerschaft« gibt nun jeder Frau das Recht, innerhalb der ersten zwölf Schwangerschaftswochen legal und kostenlos einen

Abbruch vornehmen zu lassen. Verhütungsmittel werden Frauen ab dem 16. Lebensjahr kostenlos verordnet.

Auf der anderen Seite will der Staat dem »Pillenknick« Einhalt zu gebieten – das babyfreundliche Maßnahmenpaket vom 27. April zeigt es deutlich. Aber auch die Ehe wird als Institution hoch gehalten: Anreize gibt es vor allem für junge Paare, die erstmals eine Wohnung suchen. Zur Förderung junger Ehen und der Geburtenentwicklung wird ein zinsfreier Ehekredit eingeführt, den junge Ehepaare bis zum 26. Lebensjahr bei einem gemeinsamen Bruttoeinkommen bis 1400 Mark für die Wohnungseinrichtung erhalten können. Für jedes Kind, das innerhalb der Tilgungsfrist von acht Jahren geboren wird, entfällt ein Teil der Rückzahlungspflicht.

Auch im Bereich der internationalen Solidarität gibt es gute Nachrichten. Im Juni 1972 endet der Prozess gegen Angela Davis in den USA mit einem Freispruch in allen Punkten. Freudentränen und knallende Sektkorken gibt es nicht nur in der schwarzen Community der USA. Auch in der DDR und vielen anderen Ländern der Welt wird der Freispruch gefeiert.

Im Sommer 1973 steht Berlin, Hauptstadt der DDR im Zeichen der »10. Weltfestspiele der Jugend und Studenten«: Sommer, Sonne, Sozialismus; über dem Bauchnabel geknotete FDJ-Blauhemden und Popmusik. Über 25 000 Jugendliche und Junggebliebene aus 140 Ländern sind dabei. Unter den Ehrengästen ist auch die 29-jährige Angela Davis, die sich unter großem Applaus bei allen bedankt, die sie unterstützt haben. Groß und schlank steht sie mit ihrer Afrofrisur auf dem Marx-Engels-Platz neben Erich Honecker.

Zu den »Weltfestspielen« ist auch die 32-jährige Gladys Marín, Mitglied der Politischen Kommission der Kommunistischen Partei Chiles, angereist. Sie weiß noch nicht, dass ihrem Land ein Militärputsch bevorsteht.

Nach dem 11. September 1973 verschwinden Tausende chilenische Linke in Folterkellern und Gefängnissen. Infolge des Militärputsches bricht die DDR die diplomatischen Beziehungen zu Chile ab.

Nach ihrer Flucht aus Santiago de Chile und einem Aufenthalt in den Niederlanden trifft Gladys Marín am 17. Juli 1974 in Ostberlin ein. Sie folgt damit einer Einladung des Zentralrats der FDJ und bekommt wie viele ihrer Landsleute politisches Asyl in der DDR. Im Friedrichstadtpalast wird zur Solidarität mit dem chilenischen Volk und dem Kampf gegen die Pinochet-Diktatur aufgerufen. Gladys Marín hält eine Rede. »Ihr habt geholfen, das Leben von Tausenden von Patrioten zu retten, und ihr habt die Tore eures Vaterlandes geöffnet, um die Verfolgten aufzunehmen«, sagt sie. »Dank dieses eures Beitrags sind meine Füße und meine Stimme heute hier, obwohl mein Herz in Chile ist. Danke für dieses Beispiel von Humanismus und revolutionärer Konsequenz.« Weiterhin bittet sie darum, »dass dieser großzügige Strom der Solidarität weiter ansteigt«, und ruft dazu auf, mit groß angelegten Kampagnen Druck für die Freilassung von KP-Chef Luis Corvalán und anderem politischen Gefangenen auszuüben.[7]

1975 wird das Internationale Jahr der Frau von der UNO ausgerufen, der die DDR seit dem 18. Oktober 1973 angehört; sie wurde als 133. Mitglied aufgenommen und somit als souveräner Staat anerkannt.

Unter dem Motto »Gleichberechtigung – Entwicklung – Frieden« findet im Oktober 1975 der Weltkongress zum Internationalen Jahr der Frau in Berlin statt. 2000 Delegierte, Beobachter und Gäste aus allen Teilen der Welt reisen an. Auch Helga Hörz ist eine der Delegierten. Sie wird die DDR bis zu deren Auflösung in der UNO-Kommission zum »Status der Frau« vertreten.

In der DDR leben 1975 rund neun Millionen Frauen und Mädchen. Das entspricht 53,5 Prozent der Wohnbevölkerung. 86,5 Prozent aller Frauen im arbeitsfähigen Alter sind berufstätig oder befinden sich in einer Ausbildung. 60,7 Prozent der weiblichen Beschäftigten haben eine abgeschlossene berufliche Ausbildung. 49,1 Prozent haben einen Facharbeiterinnenabschluss, 0,67 Prozent eine Meisterprüfung, 7,5 Prozent einen Fachschulabschluss und 3,47 Prozent einen Hochschulabschluss. An den Fachschulen sind 65,4 Prozent der Studierenden weiblich, an den Universitäten und Hochschulen 48,2 Prozent. 1975 werden in der DDR 181 798 Kinder geboren. Von je 1000 Kindern unter drei Jahren werden 508 in Kinderkrippen und anderen Einrichtungen betreut.

Doch wie wenig es dem Bedürfnis der meisten Frauen entspricht, ihre nur Wochen alten Säuglinge in die Krippe zu geben, hat sich auch in der Politik herumgesprochen. Im Mai 1976 wird in der DDR das bezahlte Babyjahr ab dem zweiten Kind eingeführt. Nach der

Geburt des zweiten Kindes können sich Mütter für ein Jahr von der Arbeit freistellen lassen und erhalten eine Mütterunterstützung in Höhe des Krankengeldes. Nach dem Babyjahr haben sie Anspruch auf ihren alten Arbeitsplatz oder eine gleichrangige Stellung. 1986 wird die Regelung auch auf das erste Kind ausgedehnt.

Weil die meisten Mütter gerne davon Gebrauch machen, werden in den Jahren nach der Einführung immer weniger Säuglinge in den Krippen betreut. Waren im Jahr 1975 – vor der Einführung des Babyjahres – noch 22,5 Prozent der Krippenkinder unter einem Jahr alt, so sind es 1980 nur noch 10,5 Prozent. 1988 – als das Babyjahr schon beim ersten Kind in Anspruch genommen werden kann – ist nur noch ein Prozent der Kinder in den Krippen jünger als ein Jahr.[8]

Der Pferdefuß des Babyjahres: Die mögliche Ausfallzeit fließt in Personalentscheidungen ein, wenn es um Leitungsaufgaben geht – nicht immer werden Frauen gemäß ihrer Qualifikation eingesetzt.

1988 sind in der DDR über 90 Prozent der Frauen im arbeitsfähigen Alter berufstätig oder in Ausbildung – und mehr als jeder zweite Richter ist eine Richterin. Im Politbüro sitzen erst zwei Kandidatinnen ohne Stimmrecht: Margarete Müller und Inge Lange. Die Gründe, warum die Akzeptanz für dieses Gremium sinkt, sind jedoch andere.

Im Wehrdienstgesetz der DDR vom 25. März 1982 steht: »Während der Mobilmachung und im Verteidigungszustand können weibliche Bürger der Deutschen Demokratischen Republik vom 18. Lebensjahr an bis zum 31. Dezember des Jahres, in dem sie das 50. Lebensjahr vollenden, in die allgemeine Wehrpflicht einbezogen werden.« Bis dahin konnten Frauen nur im Verteidigungsfall einberufen werden.

Als Reaktion auf das Wehrdienstgesetz gründen sich in den folgenden Jahren mehrere friedenspolitische Frauengruppen in der DDR. Außerdem entstehen zu dieser Zeit kirchliche Frauengruppen und Lesbenorganisationen.

Im Januar 1985 besuchen sieben Vertreterinnen der Grünen, damals noch eine Partei der Friedensbewegung, die DDR. Fünf Tage lang sind sie zu Gast beim DFD, um Schwierigkeiten zwischen ihrer Partei und der DDR aus dem Weg zu räumen. Zu Abend essen sie mit dem Politbüromitglied Professor Herbert Häber und zu Mittag mit dem SED-Bezirkschef von Karl-Marx-Stadt, Siegfried Lorenz, treffen die SED-Frau Inge Lange, seit 1973 Kandidatin des Politbüros, die DFD-Vorsitzende Ilse Thiele und die stellvertretende FDGB-Chefin Hanna Töpfer. Die frauenpolitischen Unterschiede zwischen dem DFD und den Grünen bringt eine DFD-Vertreterin auf die Formel: »Für Sie sind Frauenprobleme geschlechtsspezifisch, für uns sind sie klassenspezifisch. Wir lösen sie nicht gegen die Männer, sondern mit den Männern.«

Im FDGB-Heim im sächsischen Flöha sind die Essgewohnheiten der Grünen bisher unbekannt: »Mädels, nun esst mal lieber von dem Fleisch und lasst die Kartoffeln stehn!« – »Die Grünen essen nicht so viel Fleisch«, sagt Hannelore Saibold, Expertin für Nahrung und Landwirtschaft. Für den nächsten Tag erbittet die Bundestagsnachrückerin etwas Rohkost.[9]

1987 veröffentlicht Christa Wolf den Roman »Störfall«, in dem sie die Reaktorkatastrophe von Tschernobyl verarbeitet hat. Für die weibliche Hauptfigur fällt sie mit der Gehirnoperation ihres jüngeren Bruders zusammen – und zwingt sie in der emotional aufgewühlten Situation zum Nachdenken über die Chancen und Risiken des technischen Fortschritts.

Seit der Reaktorkatastrophe im Frühjahr 1986 engagieren sich einige Frauen verstärkt in der Umwelt- und Friedensbewegung der DDR. Die Männer an der Spitze der Republik nehmen ihre Ängste nicht ernst. Aber zur Gelassenheit im Umgang mit denen, die sie aussprechen, können sie sich trotzdem nicht entschließen.

Im Januar 1988 wird Bärbel Bohley, Mitbegründerin der »Frauen für den Frieden«, in der DDR verhaftet und wenig später in den Westen abgeschoben. In einem Interview mit dem »Spiegel« setzt sie sich zwischen alle Stühle: »Frau Bohley, das Wetter ist schön, die Toskana, die Sie gerade bereisen, ist das Traumland eines jeden Malers. Warum wollen Sie zurück in die eingemauerte DDR?« – »Ach Gottchen. Diese Frage wird mir immer wieder gestellt. Dabei ist sie nicht in einem Satz zu beantworten.« – »Machen Sie zwei daraus.« – »Ich will unbedingt zurück, ich bin ja auch nicht freiwillig weggegangen. Bezeichnenderweise wird mir die Frage vorwiegend in Westdeutschland gestellt.« Auf die Frage, ob sie jene Bürger kritisiere, die die DDR verlassen, antwortet Bärbel Bohley: »Nein, ich verstehe sie oft, aber ich habe mir immer gewünscht, dass alle dableiben. Mit jedem, der weggegangen ist, ist auch Hoffnung verloren gegangen. Jeder ist ein tiefer Verlust für uns, weil niemand wiederkommen kann.

Gerade das Wiederkommenkönnen habe ich hier als wichtiges Menschenrecht begriffen.«[10] Im August 1988 kehrt sie zurück.

1989 hat die Vernetzung der neuen Frauenbewegung in der DDR gerade erst begonnen. Wenige Tage nach Öffnung der Mauer, am 26. November, erscheint ein Aufruf zur Gründung eines unabhängigen Frauenverbands der DDR. Die Initiatorinnen fürchten – wie sich später herausstellt, zu Recht –, dass die Interessen der Frauen in der Freude über die Reisefreiheit und im deutsch-deutschen Hurra-Patriotismus jener Tage untergehen könnten.

1 Otto Grotewohl im Kampf um die einige Deutsche Demokratische Republik. Reden und Aufsätze, Bd. II. Berlin 1959, S. 38; Hannelore Scholz: Die DDR-Frau zwischen Mythos und Realität. Schwerin 1997, S. 65.

2 Scholz, Hannelore: Die DDR-Frau zwischen Mythos und Realität, S. 258.

3 Der Spiegel, 7.12.1955

4 http://www.rosalux.de/fileadmin/rls_uploads/pdfs/Texte_24.pdf

5 Hörz, Helga E.: Zwischen Uni und UNO. Erfahrungen einer Ethikerin. Berlin 2009, S. 57 f.

6 Der Spiegel, 18.8.1969.

7 In memoriam Gladys Marín. In: junge Welt, 8.3.2005, S. 3.

8 Die Zeit, 1.2.1985.

9 Kirchhöfer, Dieter / Neuner, Gerhart / Steiner, Irmgard / Uhlig, Christa (Hrsg.): Kindheit in der DDR – die gegenwärtige Vergangenheit. Berlin 2003, S. 127–132.

10 Der Spiegel, 8.8.1988.

Spät dran mit 28
Frau und Familie

Das Wehklagen der Politik darüber, dass im wiedervereinigten Deutschland zu wenig Kinder geboren werden, ist hinlänglich bekannt. Viele Frauen im gebärfähigen Alter und in unsicheren Arbeitsverhältnissen können es nicht mehr hören. Wie viele Kinder in einer säkularen und aufgeklärten Gesellschaft geboren werden, wenn für die Vereinbarkeit von Beruf und Familie gesorgt und die Angst vor dem sozialen Abstieg aus der Welt ist, zeigt das Beispiel der DDR.

Bis in die siebziger Jahre hinein entwickelte sich die Geburtenrate in DDR und BRD insgesamt ähnlich. Dann kam der sogenannte »Honecker-Buckel« – ein Geburtenanstieg, der in Kurvenform dargestellt als Buckel erscheint. Während 1975 in der DDR 181 798 Kinder geboren wurden, waren es fünf Jahre später 245 132. Allein 1977 brachten die DDR-Frauen rund 27 000 Kinder mehr zur Welt als im Vorjahr.

Nicht nur die SED sah darin einen Erfolg der sozialpolitischen Maßnahmen des VIII. und IX. Parteitags. Auch in westdeutschen Medien fanden sich zu dieser Zeit in der Grundtendenz positive Berichte. Allerdings gab es in der DDR auch Probleme, weil der Geburtenanstieg höher war als erwartet: Die Mütterberatungsstellen konnten den ungewohnten Ansturm nur schwer bewältigen. Familiengerechte Wohnungen und Krippenplätze fehlten. 60 Prozent aller Kinder bis zu drei Jahren wurden damals in Kinderkrippen betreut. »Wir werden weiterbauen«, so Helga Rayner vom

Gesundheitsministerium der DDR laut »Zeit«-Bericht im Sommer 1978.[1]

Ein Krippenplatz war dem Arbeiter-und-Bauern-Staat Ende der siebziger Jahre 8000 Mark plus 200 Mark Unterhaltskosten im Jahr wert. Eltern zahlten pro Tag für ihr Kind 80 Pfennige bis 1,40 Mark. Das bezahlte Babyjahr mit anschließender Arbeitsplatzgarantie sei vor allem für die Mutter gedacht – ihr wolle man die Möglichkeit geben, mit dem Kind zusammenzusein, hieß es von offizieller Seite, obwohl das Kind in der Krippe ebenso gut aufgehoben sei. Ein Teil der Jugendpsychologen war anderer Ansicht. Den Verlust an Zuwendung im Säuglingsalter und das frühe Einordnen in die Gruppe sahen sie als Ursache für spätere Störungen an, »vielleicht sogar als Grund für die Unruhe in der heutigen Jugend«, wie die »Zeit«-Autorin Marlies Menge 1978 berichtet.[2]

Das Babyjahr wurde gern angenommen, aber Frauen, die wegen der Kinder jahrelang auf den Beruf verzichteten, waren eine kleine Minderheit. Kinderlose allerdings auch. Den zinsfreien Ehekredit, den es ab 1972 in der DDR gab, mussten Paare nur dann in voller Höhe zurückzahlen, wenn sie nach der Heirat acht Jahre kinderlos blieben. Mit drei Kindern innerhalb der Tilgungsfrist war der Kredit in Höhe von 5000 Mark abgegolten. Bei der Geburt des ersten Kindes wurden 1000 Mark, beim zweiten 1500 und beim dritten Kind 2500 Mark erlassen. Das skurrile Wort »Abkindern« machte bald die Runde.

Kind und Qualifizierung

Noch während einer akademischen Ausbildung Kinder zu bekommen war kein seltener Ausnahmefall. »Ich hatte in meinem Berufsleben eigentlich immer und überall mit

Frauen zu tun, die hochschwanger waren«, sagt Erika Baum, die als wissenschaftliche Mitarbeiterin der Arbeiter-und-Bauern-Fakultät und später an der Humboldt-Universität zu Berlin beschäftigt war.

»Die Studentinnen haben ja Kinder gekriegt – mein Gott, haben die Kinder gekriegt. Auch als es die Pille schon gab. Aber die haben bis kurz vor der Entbindung fleißig weiterstudiert. Manchmal musste ich sagen: ›Bitte komm nicht mehr, ich kann kein Kind entbinden!‹ Junge Frauen hatten ja die Möglichkeit, ihre Kinder zu bekommen, wann sie es für richtig hielten«, sagt die heute 86-Jährige. Bei Studienende hatten 40 Prozent der Studentinnen und Studenten in der DDR eigene Kinder zu versorgen. Die Studentin mit Kind war zum Normalfall geworden. Bekam sie nicht während des Studiums ihr erstes Kind, dann meist unmittelbar nach dem Studium.

»Für Studentinnen gab es die Möglichkeit, das Jahr zu wiederholen oder einen Sonderstudienplan auszumachen«, sagt Erika Baum. »Es kam ganz darauf an, wie die Bedürfnisse der Frauen waren. Aber sie konnten das bewältigen, ohne materiell in Schwierigkeiten zu geraten. Natürlich gab es Probleme mit den Wohnverhältnissen und Ähnlichem. Aber wenn eine Studentin schwanger war, gab es ein Stipendium unabhängig vom Verdienst der Eltern. Diese materielle Absicherung war natürlich nicht auf Millionärsniveau, aber die Entscheidung für ein Kind wurde damit erleichtert. Denn es gab ja dann auch schon die Möglichkeit, das zu entscheiden.«

Entfremdung vom bisherigen Freundeskreis durch frühe Elternschaft war kein Thema: »Da wurdest du eher ausgegrenzt, wenn du keine Kinder hattest«, sagt Jana Frielinghaus. »Richtig spät dran warst du mit 28. Ein gewisser Druck war schon da.« Außer dieser Erwartungshaltung der Mehrheitsgesellschaft im Kinderland DDR gab es in ihrer Jugend nichts mehr, was die Entscheidungsfreiheit einschränkte – sie ist 1968 geboren worden und war erst vier Jahre alt, als die Fristenlösung für den Fall der ungewollten Schwangerschaft eingeführt wurde. Die Entscheidung war in beide Richtungen frei – und die meisten Frauen wollten unter diesen Umständen Kinder.

»Zu DDR-Zeiten war es selbstverständlich, ein Kind zu kriegen. Es war auch selbstverständlich, dass geheiratet wurde. Es war das kleinbürgerliche Modell der privaten Lebensgestaltung. Aber es war schon nicht schlecht«, sagt Irmtraud Gutschke.

»Für mich war es sehr schön, als ich 1976 am selben Tag meine Promotionsurkunde und die Bescheinigung vom Frauenarzt bekam, dass ich schwanger war. Das fand ich irgendwie hübsch zusammengewürfelt.« Bei den Kollegen in der Redaktion habe es, zumindest offiziell, auch kein Stirnrunzeln gegeben. »Aber für mich selber war es ein Problem: Einerseits wollte ich gerne ein Kind, andererseits wollte ich in dem Arbeitsprozess, den ich mochte, bleiben. Es war ja keine entfremdete Arbeit, sondern eine, die ich als meine betrachtet habe. Mit dem ersten Kind bin ich nur ein halbes Jahr zu Hause geblieben. Mit dem zweiten Kind ein Jahr – und ich muss sagen, da fiel mir schon irgendwann die Decke auf den Kopf. Zum Glück hatte ich immer mal wieder die Möglichkeit, etwas für die Zeitung zu schreiben.«

Danach beginnt eine Doppelbelastung, die sie an ihre Grenzen bringt. Als Mutter von zwei Kleinkindern hat die Journalistin den Acht-Stunden-Tag als zu lang empfunden: »Das haben wir ja heute auch. Die Arbeitszeit ist einfach zu lang. Ein Mensch mit Kindern powert sich dabei völlig aus. Aber das ist nicht speziell der DDR anzulasten. Natürlich hat man immer ein schlechtes Gewissen. Man ist immer zwischen zwei Polen: Einerseits die Arbeit, mit der ich verwachsen war, andererseits das liebe Kind oder die beiden lieben Kinder, die natürlich die Mutter brauchen und im Kindergarten warten, dass sie abgeholt werden. Man hatte immer ein schlechtes Gewissen, den Kollegen und den Kindern gegenüber. Aber das war nicht DDR-spezifisch. Damals konnte man es ja noch verstehen, weil es an Arbeitskräften mangelte und jeder gebraucht wurde. Aber bei dem heutigen Stand der Produktivität und der grassierenden Arbeitslosigkeit wäre es wirklich an der Zeit, die Arbeitszeit generell zu verkürzen, wenigstens für Leute mit Kindern und für solche über 50. Warum das nicht geschieht, ist mir natürlich auch klar …«

Um auf die DDR zurückzukommen, als im Normalfall beide Partner voll berufstätig waren: Auch die Männer hätten das Problem der Doppelbelastung durch Mitarbeit im Haushalt nicht vollständig lösen können. »Dass Männer im Haushalt mithelfen sollen, wurde schon zu Zeiten meiner Mutter propagiert; das haben sie auch gemacht – natürlich nur in Maßen«, sagt Irmtraud Gutschke.

Nach Erika Baums Beobachtung hat das Sein das Bewusstsein bestimmt: »Dass die Männer irgendwann auch anfingen, ihre Kinder aus den Kindergärten abzuholen, war eine Folge der Qualifizierung der Frauen«, sagt die Gesellschaftswissenschaftlerin. »Solange die Frau keine Arbeit machte, in der sie viel Verantwortung trug, war es objektiv nicht erforderlich, dass der Mann die Kinder abholte. Selbst wenn er aufgeklärt und für Gleichberechtigung war. Erst wenn beide Partner beruflich Verantwortung trugen oder an ihrer beruflichen Weiterentwicklung arbeiteten, hat es sich durchgesetzt, dass Männer ihren Anteil an der Hausarbeit übernahmen, ohne dass zu Hause ständig Grundsatzdiskussionen darüber geführt werden mussten. Es bildete sich heraus.«

Sie waren jung, als sie sich 1977 zur Ehe entschlossen. Vielleicht fehlte ihnen einfach die Lebenserfahrung. Doch in der DDR war es üblich, so jung zu heiraten. Sie war 23 Jahre alt, er 24. Somit gehörten sie zur Hauptzielgruppe der Familienpolitik der siebziger Jahre. Den zinsfreien Ehekredit gab es nur bis 26. »Außerdem war es als Ehepaar leichter, zwei Arbeitsstellen und vor allem eine Wohnung an einem Ort zu bekommen«, sagt der Bräutigam später in einem Interview.[3] 1982 stehen Angela und Ulrich Merkel vor dem Scheidungsrichter. Ihre Ehe hat keine fünf Jahre gehalten. »Eines Tages packte sie ihre Sachen und zog aus unserer gemeinsamen Wohnung aus. Sie hatte das mit sich selbst ausgemacht und dann die Konsequenzen gezogen. Aber wir trennten uns schließlich friedlich. Wir waren ja wirtschaftlich unabhängig voneinander.«

Ulrich Merkel wirkt nicht verbittert, als er nach über zwanzig Jahren mit dem »Focus« darüber spricht. Er denkt auch nicht, dass er und seine geschiedene Frau mittlerweile noch zusammenpassen würden: »Angela lebt jetzt in einer anderen Welt. Ich bin der ganz normale Bürger geblieben. Insofern sehe ich sie wie jeder andere Mensch auch. Das Plakat zur Europawahl mit ihrem Gesicht fand ich nicht besonders originell. Ich bin aber auch kein CDU-Wähler.«

Trotzdem hat ihm die Art und Weise, auf die sich seine Ex-Frau zu den Gründen für die Eheschließung geäußert hat, einen Stich gegeben: »Wir haben geheiratet, weil alle geheiratet haben«, so die Physikerin, ehemalige FDJ-Sekretärin und spätere Bundeskanzlerin in einem Interview. »Ich zumindest hatte mir die Heirat reiflich überlegt«, sagt Ulrich Merkel dem »Focus« im Jahr 2004.

Statistiker des DDR-Justizministeriums haben schon Jahre vor der Merkelschen Eheschließung festgestellt, dass mehr Frauen als Männer die Scheidung beantragen.[4] Ende der sechziger Jahre waren es 60 zu 40 Prozent. Mehr Männer als Frauen – nämlich sechs zu fünf Prozent – widersprachen dem Scheidungsbegehren. Das westdeutsche Magazin »Spiegel« zitiert 1969 den »Ostberliner Psychologen Dr. König«, die DDR-Bürger litten unter dem Prestige- und Einkommenszuwachs ihrer Frauen. »Die beruflich erfolgreichen Ehepartnerinnen provozieren bei ihren Männern Minderwertigkeitskomplexe, die, so warnt der Seelenforscher, ›zur Resignation und Lähmung des beruflichen Strebens‹ führen können.«

»Ich scheide häufig junge Ehen«, berichtet Brigitte Kohlbach, Scheidungsrichterin in Königs Wusterhausen, 1985 einer westdeutschen Journalistin.[5] »Bei denen spielen Alltagsprobleme eine größere Rolle, Frauen machen immer noch mehr im Haushalt als Männer.« Bei den jungen Ehen seien es die Frauen, die die Scheidung wollen, bei den älteren die Männer, die oft eine andere, meist jüngere Partnerin gefunden hätten. 42 Prozent der Ehen, die damals in der DDR geschieden werden, haben keine fünf Jahre gedauert.

1 Marlies Menge: Übersoll erfüllt. In: Die Zeit, 11.8.1978.

2 Ebenda.

3 Focus, 1.7.2004.

4 Der Spiegel, 18.8.1969.

5 Scheidung in der DDR. In: Die Zeit, 29.11.1985.

Die heimliche Chefredakteurin
Frau und Medien

Johanna Müntzer hat in Hermann Kants Roman »Das Impressum« die Redaktion fest im Griff. Die gestandene Kommunistin und Antifaschistin erinnert ihre Mitarbeiter an die Königin der Amazonen. Ehrfürchtig, wenn auch mit einem Augenzwinkern, wird sie von ihnen »Penthesilea« genannt. David Groth – die eigentliche Hauptfigur des Romans – fängt als Botenjunge bei der »Neuen Berliner Rundschau« an und wird von der Chefredakteurin gefördert und gefordert. Allerdings – als Chefredakteurin steht Johanna Müntzer gar nicht im Impressum. Zur Gründerzeit der Republik, in der Kants Roman verortet ist, wird nämlich in der Redaktion daran gezweifelt, ob es den Lesern schon vermittelbar sei, dass hier eine Frau das Sagen hat.

Im Impressum steht vorsichtshalber ein Mann – ein ehemaliger »Sitzredakteur«, der schon in der Weimarer Republik seinen Namen als Verantwortlicher im Sinne des Presserechts für kommunistische Druckerzeugnisse zur Verfügung gestellt hat. Die scherzhafte Bezeichnung hatte den ernsten Hintergrund, dass sie oft stellvertretend für andere Redakteure Haftstrafen absitzen mussten.

Später in der DDR, als das Massenbewusstsein sich weiterentwickelt hat und die Vorbehalte gegen einen Frauennamen an dieser Stelle verflogen sind, ist David Groth bereits als Nachfolger der Chefredakteurin im Gespräch. Wie es dazu kam, erzählt Kant in literarischen Rückblenden: Am Beginn hat David Groth soeben erfahren, dass er Minister werden soll. Das wollte er eigentlich nie, aber es ist auch nicht seine Art, sich vor neuen Herausforderungen zu drücken. Er fängt an zu reflektieren, ob er der Aufgabe gewachsen sei, erinnert sich an Schlüsselerlebnisse und Menschen, die in seinem Leben eine wichtige Rolle gespielt haben – und an die Einsichten, die sie ihm vermittelten.

Außer seiner Mentorin »Penthesilea« sind ihm noch andere Frauen begegnet, ohne die er nicht der wäre, der er ist. Nicht zuletzt die Fotografin Franziska, mit der er glücklich verheiratet ist. Sie besitzt die Kühnheit, die Geburt ihres eigenen Kindes zu fotografieren, was nicht allen seiner Kolleginnen und Kollegen gefällt. Mit der Kaderleiterin Carola Krell verbindet ihn eine wunderbare Freundschaft, nachdem sie vor Jahren ein Verhältnis hatten, das – wie David später erfahren muss – in der Redaktion so diskret behandelt wurde wie der Bau des Berliner Fernsehturms.

»Das Impressum« ist 1972 erschienen. In Westdeutschland wurde es verrissen. Der »Spiegel«-Rezensent bezeichnete es als »Fabel vom sozialistischen Tellerwäscher« und schrieb, die Hauptfigur sei »auf selbstgefällige Weise bescheiden« – und natürlich kam ihm die DDR insgesamt zu gut weg.[1]

Für mich war »Das Impressum« der Schlüssel zu einer versunkenen Welt. Als ich es im Sommer 2009 auf einem Wühltisch entdeckte, war dies der bestangelegte Centbetrag meines Lebens. Am liebsten hätte ich es zur Pflichtlektüre in der Redaktion gemacht, für die ich damals hauptsächlich arbeitete. Nicht nur das Frauen-, sondern das gesamte Menschenbild dieses Romans ist das einer hochentwickelten Gesellschaft. Tatsächlich hat es aber eine Weile gedauert, bis der Roman in der DDR gedruckt werden konnte. Konfliktscheu ist sein Autor Hermann Kant nämlich nicht. An vielen Stellen wirbt er für eine Streitkultur, die in der DDR nicht immer vorhanden war.

Kant sieht die starken Frauen in diesem Roman auch als selbstkritische Folge auf die schwachen Frauen in seinem Roman »Die Aula«, wie er selbst erklärt. Vor allem aber hätten Frauen als starke Persönlichkeiten eine große Rolle in seinem Leben gespielt – angefangen bei seinen Mentorinnen Edda Tennenbaum und Justyna Sierp im polnischen Arbeitslager. Der Autor und ehemalige Präsident des Schriftstellerverbandes der DDR ist 1926 geboren, wurde 1944 als Soldat eingezogen, schloss sich in der Kriegsgefangenschaft dem Antifaschistischen Komitee an und nahm an politischen Schulungen teil. Die beiden Frauen müssen mehrere Lehrgangsteilnehmer tief beeindruckt haben.

Manfred Gebhardt, der langjährige Chefredakteur der Zeitschrift »Das Magazin«, schrieb in seinen Erinnerungen: »Und da waren zwei Polinnen, von denen ich erst später erfuhr, dass sie Jüdinnen waren: Edda Tennenbaum und Justyna Sierp. Sie verkörperten den Internationalismus, das Leid Polens und die Bereitschaft zur Versöhnung.«[2] Edda Tennenbaum hatte in ihrer Jugend bereits mit Rosa Luxemburg zusammengearbeitet und vor dem Ersten Weltkrieg zusammen mit Clara Zetkin die Frauenzeitschrift »Gleichheit« redigiert. Justyna Sierp hatte den Krieg als Kundschafterin der Widerstandsbewegung in Frankreich überlebt.

Als reale Vorbilder und Inspirationsquellen, von denen er Eigenschaften für seine weiblichen Charaktere entlieh, nennt Hermann Kant auch die Schriftstellerin Anna Seghers und die Chefredakteurin der »Neuen Berliner Illustrierten«, Lilly Becher, sowie Hilde Eisler, die »Das Magazin« leitete und die Autorin Johanna Rudolph. »Da war bei weitem nicht immer Freundschaft, aber ein großer Respekt vor dem Leben, dem Können, der Haltung dieser Frauen war da.« Zu der Romanfigur Johanna Müntzer hätten alle der Genannten, aber zusätzlich Helene Weigel und Lola Leder, die Mutter Stephan Hermlins, beigetragen. Lilly Becher, die der Autor als »Hauptbeiträgerin« nennt, und Johanna Rudolph sollen sogar auf ihre »Urheberinnenrechte« gepocht haben. Für die »Neue Berliner Illustrierte« hat Barbara Meffert die Geburt ihres Kindes fotografiert. Hermann Kant war nicht der Vater, ließ sich aber auch durch diese Geschichte gern inspirieren.

Journalistin beim Zentralorgan

Irmtraud Gutschke ist Journalistin, promovierte Literaturwissenschaftlerin – und seit fast 40 Jahren bei derselben Zeitung, als ich sie im Frühjahr 2010 in Berlin treffe. Dieselbe Zeitung? – Ja und nein, denn das »Neue Deutschland« war Zentralorgan der SED, als sie mit 21 Jahren dort anfing.

Ihre Stimme ist glockenhell, als sei sie seither kaum älter geworden – und andererseits doch sehr gefestigt. »Ja, ich denke schon, dass das sehr realitätsnah ist«, sagt sie über die Medienwelt des Romans »Das Impressum«. Ihr journalistischer Werdegang ist allerdings völlig anders als der des »sozialistischen Tellerwäschers«. 1950 geboren und schon als junge Frau sehr ernst genommen und gefördert, meint sie, dass die Gleichberechtigung in der DDR bereits verwirklicht worden war. Zum ND kommt sie 1971 durch eine Initiativbewerbung.

Am östlichen Rand des Thüringer Waldes ist sie zunächst auf ein Russischlehrerstudium vorbereitet worden. Eine Flucht nach vorn, wie ich von ihr erfahre: »Es war normal, statt der Oberschule das Abitur mit Berufsausbildung zu machen. In der Abiturausbildung war ein Tag in der Woche für produktive Arbeit reserviert, um die Abiturienten mit dem Arbeitsleben bekannt zu machen, damit das nicht solche Überflieger werden. Das stand mir auch bevor. Es waren sehr praktische Berufe – und ich glaube, es hat eine Rolle gespielt, dass ich eine gewisse Furcht hatte, Maurer zu lernen«, sagt Irmtraud Gutschke.

»Deshalb habe ich zugesagt, eine spezielle Internatsschule in Wickersdorf bei Saalfeld zu besuchen. Der Russischunterricht sollte so umfangreich sein, dass es nicht mit der Berufsausbildung vereinbar wäre. Außerdem wurde es uns sehr schmackhaft gemacht – es sei ein sehr schönes, waldreiches Gelände und eine sehr interessante Ausbildung. Das hat mich in der achten Klasse sehr gereizt, ich hatte einfach Lust, mal ein bisschen hinauszukommen. Meine Mutter fragte mich dann: ›Sag mal, willst du wirklich Russischlehrer werden?‹ – Das wollte ich zwar nicht unbedingt, aber ich meinte: ›Es kann ja nicht schaden, die Sprache gut zu lernen.‹ Allerdings merkte ich dort schon bald nach meiner Ankunft, dass die Sache mit dem Russischlehrerstudium sehr ernst gemeint war. Im Grunde war man schon dafür eingeplant, genau das zu studieren – und es wurde auch ein großer Aufwand getrieben, damit man es lernte. Wir hatten dort Lehrerinnen, deren Muttersprache Russisch war. Es war ein klassisches Internat, wie man es sich seit Alters her vorstellt, wo man als Schüler für die Lehrer ganztägig erreichbar ist und sehr viel lernen muss. Das führte dazu, dass ich schon ziemlich perfekt Russisch konnte, als ich nach vier Jahren mein Abitur hatte.«

Als sie und fünf andere Absolventinnen der Internatsschule in Wickersdorf ihr Studium an der Universität Jena aufnehmen, sind sie für den normalen Studiengang überqualifiziert. »Da waren sechs Abiturientinnen, die zu Russischlehrern mit Zweitfach Englisch ausgebildet werden sollten. Aber wir konnten so gut Russisch, dass sie uns nicht mehr in den normalen Studiengang integrieren konnten. Also hat man versucht, einen Sonderweg einzuschlagen und uns in drei Jahren studieren zu lassen. Die Professoren haben extra für uns gelesen. Es war eine absolut luxuriöse

Ausbildung. Wir saßen zu sechst in der Vorlesung; es hatte starken Seminarcharakter. Die Ausbildung war erstklassig«, betont Irmtraud Gutschke. »Aber ich hatte danach immer noch keine große Lust auf den Lehrerberuf. Ich war immer davon ausgegangen, dass ich die Wahl habe; und ich wollte Literaturwissenschaften studieren.«

Im zweiten Studienjahr beginnt sie parallel zum dreijährigen Russischlehrerstudium ein Forschungsstudium der Literaturwissenschaft. Sie will promovieren, doch dann verliert sie eine wichtige Bezugsperson: »Als ich gerade dabei war, mir ein Thema für die Dissertation zu überlegen, wurde mein Professor nach Berlin berufen. In Jena war er mein Mentor gewesen, ohne ihn kam mir diese Uni sehr verstaubt vor. Meine Motivation hat darunter gelitten.«

Der Professor gibt ihr zum Abschied einen wertvollen Tipp: »Er sagte mir, beim ND werde jemand gesucht, der für die sowjetische Literatur zuständig sein sollte. Daraufhin habe ich dem zuständigen Ressortleiter einen richtigen Kinderbrief geschrieben – nach dem Motto ›ich schreibe gerne Aufsätze‹, ›ich interessiere mich für sowjetische Literatur‹, ›jetzt muss ich noch zweieinhalb Jahre in Jena bleiben, um dort zu promovieren – aber danach würde ich mich sehr freuen, beim ND arbeiten zu können‹. Für mich war das wirklich so, als würde ich einen Lottoschein abgeben – ich habe nicht mal auf Antwort gehofft. Doch kurz darauf bekam ich ein Telegramm, in dem Klaus Höpcke, der damalige Leiter der Abteilung Kultur im ND, seinen Besuch ankündigte. Er reiste tatsächlich an einem Wochenende von Berlin nach Weimar, um mich bei meinen Eltern zu treffen.«

Auf erstauntes Nachfragen sagt sie: »Ja, das ist aus heutiger Sicht total ungewöhnlich. Damals war es das auch, aber vielleicht nicht ganz so ungewöhnlich. Er wollte junge Leute in die Abteilung bringen und hat gleichzeitig mit mir noch einen anderen Absolventen geworben, der Kunstwis-

senschaftler war und in Leipzig studiert hatte. Es war eine
tolle Chance, aber er musste mich überreden, dort anzufangen – ich habe mir das einfach nicht zugetraut; ich meinte,
ich hätte noch gar nicht das Wissen, um in einer Zeitung
schreiben zu können. Es war ja immerhin das Zentralorgan,
ein ganz großes Ding.«

Die junge Frau erklärt dem Ressortleiter, dass sie sich
das eigentlich noch nicht zutraut und zuerst promovieren
möchte. »Da sagte er mir: ›Promovieren kannst du auch in
Berlin. Überlege es dir, ich komm noch mal wieder.‹ Beim
zweiten Mal kam er mit einem Kollegen wieder, einem
promovierten Literaturwissenschaftler, mit dem ich später
unmittelbar zusammenarbeiten würde. Er sagte mir, ich
bräuchte keine Angst zu haben. Meine Mutter war natürlich besorgt und fragte: ›Wo soll das Mädchen denn in Berlin wohnen?‹ Aber das war alles kein Problem. Kurz und
gut: 1971 bin ich als ganz junges Mädchen mit Haarschleife
um den Zopf in der Redaktion eingerückt. Immer noch mit
dem Gefühl, eine Lernende zu sein und mich noch gar nicht
journalistisch äußern zu wollen.«

Obwohl sie ihr Studium mit Auszeichnung beendet hat.
»Ja, ich war wirklich sehr gut, ich war die Beste in meinem
Jahrgang«, sagt sie. »Aber ich glaube, ohne diese Initiativbewerbung, wie man das heute nennt, wäre gar nichts
passiert. Mit meinen eigenen journalistischen Äußerungen
war ich dann in der Tat sehr vorsichtig. Ich habe das sehr
ernst genommen und war der Meinung, was ich schreibe,
muss auch wirklich gut sein. Allerdings hatte ich auch die
Zeit, lange an einem Text zu arbeiten. Damals. Heute nicht
mehr.«

Für den Kulturteil arbeiten damals mehr Frauen als zum
Beispiel im Ressort Außenpolitik. Das sei aber kein Thema
gewesen, sagt Irmtraud Gutschke: »Das war die Besonderheit im Vergleich zu heute: Man hat gar nicht auf den

Frauenanteil geschaut, weil man nicht davon ausging, dass Frauen benachteiligt sind. Der Gedanke, man könnte als Frau schlechtere Chancen haben, war bei mir überhaupt nicht vorhanden. Das Gleichstellungsproblem gab es für mich in dieser Form nicht. In dem Internat, in dem ich eine sehr gute Ausbildung bekommen habe, waren die Mädchen überrepräsentiert. Wir hatten ein paar Jungs, aber nicht so viele, weil Sprache ja auch eher bei den Mädchen angesiedelt ist. Im Studium war es genauso. Da hätte man eher schon über die Förderung der Jungs nachdenken können, damit sie in den Sprachstudiengängen nicht so unterrepräsentiert sind. Wahrscheinlich hat das meinen Blick auf die Welt auch geprägt.«

Beim ND sei sehr auf Kompetenz geachtet worden: »Man war nicht gewillt, Leuten das Wort zu geben, die keine Ahnung hatten. Der Widerspruch aber war: Einerseits war im ND Fachwissen gefragt, die Chefredaktion hielt sich zugute, für jedes Gebiet Spezialisten zu haben, andererseits waren diese Leute von engen ideologischen Maßgaben umstellt, was sie zu schreiben hatten und was nicht. Das ›Neue Deutschland‹ nannte sich ja auch nicht Zeitung, sondern Organ. Es war das Verlautbarungsinstrument des ZK, oder besser gesagt des Politbüros. Frustrierend war auch der mangelnde Raum, um etwas zu veröffentlichen. Das ND hatte ja nur acht Seiten. Es gab eine Kulturseite – das Format war größer als heute, sie hatte nicht so viele Bilder, da passte was drauf. Aber das muss man sich vorstellen: Eine Seite für eine Abteilung mit einem Spezialisten für die Oper, einem für die Unterhaltungsmusik, einem Filmkritiker, mindestens einem Theaterkritiker, einer Kollegin für das künstlerische Volksschaffen, einem für die bildende Kunst und sieben Literaturexperten – drei für DDR-Literatur, einer für Lyrik, einer für das literarische Erbe, eine Kollegin nur für Kinderbücher – und ich für die internationale Literatur. Seitens der Chefredaktion wurde die DDR-Literatur als besonders wichtig erachtet.« Angesichts dessen und des allgemeinen Platzproblems hätte es mitunter Geduld gebraucht, überhaupt etwas über ausländische Literatur in die Zeitung zu bringen.

Ihre Anfangszeit beim ND fällt mit der Anfangszeit Erich Honeckers als Generalsekretär des ZK der SED zusammen. »Es war eine Aufbruchszeit«, sagt sie heute. »Am Anfang wollte er sich als offener, freier und kunstfreundlicher Mann darstellen. Und ich war jung, ich wollte glauben. Auch Konsumgüter wurden damals verstärkt importiert, um die Bevölkerung zufriedenzustellen – was natürlich die Geldreserven der DDR geschmälert hat. Doch wer wusste schon um die Folgen. Und auch in meiner Arbeit habe ich zunächst kaum bedrückende Erlebnisse gehabt«, sagt Irmtraud Gutschke – und meint Zensur.

»Das kam Stück für Stück, mit dem Spezialgebiet, das ich bearbeitet habe. In der sowjetischen Literatur kannte ich mich perfekt aus, ich kannte jeden Autor und habe auch die sowjetische Presse ständig verfolgt. Und ich muss sagen, dass die literarischen Diskussionen in der Sowjetunion viel offener gewesen sind als in der DDR. Es war nicht nur ein größeres Land, sondern auch eine andere Tradition im Umgang mit Literatur. Dort waren viel mehr gesellschaftliche Debatten in der Literatur möglich als bei uns. Aber Literatur lebt natürlich von Konflikten. Wenn es sich um Literatur aus Frankreich handelte, war das weniger problematisch, als wenn es sich um Literatur aus der Sowjetunion handelte, die die Konflikte einer sozialistischen Gesellschaft beschrieb. Das war ja schließlich auch mit der DDR vergleichbar. Umweltprobleme zum Beispiel waren in der DDR ein Tabuthema. Schrieb nun ein sowjetischer Autor ein Buch darüber, wurde natürlich befürchtet, dass man beim Lesen auch gleich an Umweltprobleme in der DDR denken würde. Bei einem Roman über Machtmissbrauch in der Sowjetunion würde man auch gleich an Machtmissbrauch in der DDR denken. Hinzu kam, dass es eine starke Abhängigkeit der DDR von der Sowjetunion gab. Es wurde hierzulande ein Bild von der Sowjetunion gezeichnet, das schönfärberisch war. Es war eher ein Wunschbild. Sobald Literatur dieses Wunschbild unterlaufen hat, gab es Probleme.«

Die gezogenen Grenzen kann sie am Anfang noch geschickt überwinden: »Mit dem blauäugigen Hinweis: ›Ja, aber das ist doch ein wichtiger Autor aus der Sowjetunion.‹ Die Autorität der Sowjetunion half mir dann auch, Rezensionen unterzukriegen. Aber das änderte sich drastisch mit der Machtübernahme Gorbatschows. Danach wurden sowjetische Bücher von vornherein mit Misstrauen betrachtet.«

Die größte Zäsur sei die Ausbürgerung Wolf Biermanns im Jahr 1976 gewesen: »Das bedeutete eine neue Eiszeit in der Kulturpolitik«, sagt Irmtraud Gutschke. »Wir wussten, dass es sich auch auf unsere Arbeit auswirkt. Auch wenn das von fern kaum zu glauben ist, denn die ND-Seiten waren ja voller Beifallsbekundungen für diese politisch idiotische Entscheidung. Und so ist es auch später immer wieder geschehen, dass Kollegen etwas in die Zeitung brachten, was sie überhaupt nicht für richtig hielten, ja, was ihnen geradezu gegen den Strich ging. Da hatte ich insofern Glück mit meinem ›unwichtigen Arbeitsgebiet‹. Ich kam sozusagen unter dem Regen durch. Aber für die Zeitung als Ganzes konnte ich zunehmend nicht mehr gradestehen. Ein Aufatmen war es für mich, als die ideologische Indoktrination weg war und ich frei schreiben konnte. Als ob Pferde losrennen, die vorher festgebunden waren.«

1 Der Spiegel, 17.7.1972.

2 Gebhardt, Manfred / Küttner, Joachim: Deutsche in Polen nach 1945. München 1997, S. 102.

Eine schwierige Liebe
DDR-Schriftstellerinnen und ihr Land

Über die Frau in der DDR-Literatur lässt sich natürlich kaum eine allgemeingültige Aussage treffen. Werke von Frauen, die in der DDR mit Kunst- und Literaturpreisen ausgezeichnet wurden, erfüllen ferner auch keineswegs das Klischee einer sozialistischen Heile-Welt-Literatur.

Anna Seghers, die 1951 in der DDR als erste Frau den Nationalpreis erster Klasse erhielt, war zu diesem Zeitpunkt vor allem für Romane bekannt, die der Arbeiterbewegung in der ersten Hälfte des 20. Jahrhunderts und dem antifaschistischen Widerstand gewidmet waren. Der berühmteste, »Das siebte Kreuz«, erzählt die Geschichte der Flucht von sieben KZ-Häftlingen, von denen nur einer überlebt. Er wurde noch während des Krieges in den USA verfilmt. Die DEFA brachte 1968 Seghers' Roman »Die Toten bleiben jung«, den sie 1949 veröffentlicht hatte, auf die Leinwand. In diesem Werk, einer Bilanz der Epoche zwischen Novemberrevolution und dem Ende des Nationalsozialismus, kommen sowohl Frauen vor, die in materieller Armut leben, als auch privilegierte Frauen. Diese haben ganz andere Sorgen als jene – und doch haben sie alle unter patriarchalischen Verhältnissen zu leiden. Doch während die unglücklichen Damen der feinen Gesellschaft sich immer mehr von ihren Männern, die im Ersten und Zweiten Weltkrieg an Verbrechen beteiligt waren, entfremden, kommt es bei den Arbeiterfamilien zur Annäherung.

Die sozialistische Gegenwartsliteratur in Friedenszeiten musste der Frage, was richtig oder falsch war, mehr Platz einräumen, denn sie war nicht mehr in allen Punkten so leicht zu beantworten. Herz und Verstand widersprachen sich öfter – und wer im antifaschistischen Widerstand menschliche Größe gezeigt hatte, war dadurch später im Umgang mit Macht nicht unfehlbar. Die deutsche Teilung stürzte Menschen, die das Projekt DDR unterstützen wollten, aber private Bezüge zum anderen Teil Deutschlands hatten, in schmerzhafte Loyalitätskonflikte.

»Natürlich war die DDR-Literatur keine reine Affirmationsliteratur«, sagt Irmtraud Gutschke. »So etwas hätten die Leute damals auch nicht gelesen. Es musste ja auch ein künstlerischer Wert dahinter stehen. Eine konfliktfreie Literatur, die nur Ideologie wiedergibt, das mochte man sich zwar gewünscht haben, aber das wäre dann keine Literatur mehr gewesen. So etwas hätte man auch nicht auszeichnen können.«

Der Himmel teilt sich zuerst

In Christa Wolfs Roman »Der geteilte Himmel« entscheidet sich eine junge Frau schweren Herzens für ihr Land und gegen den Mann, in den sie sich verliebt hat, als dieser in den Westen geht und sie damit vor vollendete Tatsachen stellt. Dabei ist die angehende Lehrerin Rita ein sehr emotionaler Mensch. So emotional, dass es sie beinahe umbringt. Aber auch sie hat ein eigenes Leben, Ziele und Wertvorstellungen.

Ihr Gerechtigkeitsideal hat der Chemiker Manfred entweder nie ohne Vorbehalte geteilt, oder es war ihm keine zähen Auseinandersetzungen wert. Der Mann hinterlässt viele Fragezeichen, weil Christa Wolf seine Psyche nicht offenlegt – die lässt ihn seine Gründe erklären, ohne zu werten. Als ein von ihm entwickeltes Verfahren von den Wirtschaftsfunktionären der DDR abgelehnt wird, nutzt er Monate vor dem Mauerbau einen Kongressaufenthalt zur Flucht nach

Westberlin. Berechtigte Enttäuschung oder Egoismus – der Roman lässt beide Interpretationen zu. Aber Liebe tut, was sie will. Rita leidet entsetzlich unter der Trennung von Manfred, auch wenn sie nicht gut zusammenpassen.

»Der Himmel teilt sich zuallererst« ist der Schlüsselsatz, den Rita sagt, als sie erkannt hat, welche Welten die beiden trennen. Aber das Gefühl ist viel langsamer als der Verstand. Am Sonntag vor dem 13. August 1961 treffen sie sich ein letztes Mal. Er kann sie nicht überreden, ihm in den Westen zu folgen. Obwohl es Rita beinahe zerreißt. Nach dem Mauerbau verfällt sie in eine tiefe Depression, von der sie sich nur langsam erholt.

Christa Wolfs Heldin ist eine sensible Frau, die sich nicht einfach dem Lebensentwurf des Mannes unterordnet, sondern ihren eigenen Standpunkt behält, auch wenn es ihr schwerfällt – ungeheuer stark und ungeheuer schwach.

Berührt hat die Romanfigur Rita nicht nur das Land, für das sie sich entscheidet. »Der geteilte Himmel« erschien 1963 und erregte in beiden Teilen Deutschlands viel Aufmerksamkeit. In der DDR wurde Christa Wolf mit dem Nationalpreis III. Klasse ausgezeichnet – und sie wurde Kandidatin des Zentralkomitees der SED. Aber der Kulturpolitik stand eine kleine Eiszeit bevor. Das 11. Plenum des ZK im Dezember 1965 ging wegen seiner kulturpolitischen Restriktionen als »Kahlschlagsplenum« in die Geschichte ein. Christa Wolf solidarisierte sich als einzige Rednerin mit den gescholtenen Schriftstellern und Filmregisseuren und widersprach den Sichtweisen, die »jede kritische Äußerung an irgendeinem Staats- oder Parteifunktionär als parteischädigend ansehen«. Seither galt sie als »loyale Dissidentin«, die zwar oft die Politik der DDR kritisierte, aber auch keinen Zweifel daran ließ, dass sie den Sozialismus als bessere Alternative zum kapitalistischen Westen ansah.

In ihrem Roman »Nachdenken über Christa T.«, der 1968

erschienen ist, verrät sie viel über das damit verbundene Lebensgefühl. Die Titelfigur Christa T. ist eine mit 35 Jahren an Leukämie gestorbene Frau, die zu Lebzeiten eigensinnig und unangepasst war. Neben ihrem Ehemann und drei Kindern hinterlässt sie eine Menge halbfertiger Geschichten und Notizen, die nun die Autorin in den Händen hält, darüber nachdenkt und schreibt. »Christa T. ist eine literarische Figur«, betont Christa Wolf im Vorspann, doch die Protagonistin trägt unverkennbar autobiografische Züge.

»Das Wort ›Konflikte‹ hat auch in öffentlichen Verlautbarungen und Diskussionen in der DDR immer wieder eine Rolle gespielt. Es gab verschiedene Zungenschläge, die wechselten«, sagt Irmtraud Gutschke, die berufsbedingt sehr genau zugehört hat. »Je nach politischer Großwetterlage und Stimmung der Parteioberen wurde den Künstlern huldvoll Freiraum zugebilligt – sollen sie sich doch mit Konflikten auseinandersetzen. Oder sie sollten – was für eine Anmaßung, diese Reglementierung von oben – mal wieder rigoros auf Linie gebracht werden.«

Autorinnen und Autoren entwickelten dafür ein feines Gehör. »Die DDR war kein monolithischer, sich über 40 Jahre gleichbleibender Block«, sagte Christa Wolf im Jahr 1999 in einem Interview anlässlich ihres 70. Geburtstages. »Im Verlauf ihrer Geschichte entwickelte sich immer mehr ein eigenständiges gesellschaftliches Leben, in dem ich alle Varianten von Verhaltensweisen beobachtete – von der absoluten Anpassung bis zur absoluten Gegnerschaft.«[1]

Das Verhältnis der SED-Führung zu den Künstlern sei immer ambivalent gewesen, sagt Irmtraud Gutschke. »Im Politbüro war man einerseits von den Künstlern angetan, bewunderte sie sogar ein bisschen, wollte sich im Ausland auch gerne mit ihnen schmücken. Aber auf der anderen Seite gab es das ständige Misstrauen, was diese Leute nun wieder anstellen. Freiberufliche Künstler sind ja schwer zu disziplinieren, die diskutieren irgendwas in ihrem Verband, schreiben, geben Interviews – unkontrollierbar durch die Mächtigen. Das hat dazu geführt, dass man ein besonderes Auge auf diese unzuverlässigen Burschen hatte.« Selbiges galt vermutlich auch für unzuverlässige Mädchen.

Sarah Kirsch

Die DDR konnte nicht alle Frauen halten, die sie für nachdenkliche, zum Teil kritische Werke mit Kunst- und Literaturpreisen geehrt hatte. Wie Christa Wolf gehörte auch Sarah Kirsch 1976 zu den Erstunterzeichnern des Appells gegen die Ausbürgerung von Wolf Biermann, dem sich rund 100 Kulturschaffende anschlossen – ohne sich mit jedem Wort und jeder Handlung des Liedermachers zu identifizieren. Bei allem Protest gegen die beschlossene Maßnahme bekannten sie sich in ihrem offenen Brief zur DDR und nannten sie »Unser sozialistischer Staat«. Im Gegensatz zu anachronistischen Gesellschaftsformen müsse dieser »eine solche Unbequemlichkeit gelassen nachdenkend ertragen können«, schrieben sie. Obwohl sie sich vorsorglich von den Versuchen distanzierten, »die Vorgänge um Biermann gegen die DDR zu missbrauchen«, waren die Reaktionen schlecht geeignet, diese Haltung zu festigen. Viele verabschiedeten sich in der Folge von der DDR.

Sarah Kirsch – 1935 geboren und somit sechs Jahre jünger als Christa Wolf – hat anders als diese der DDR den Rücken gekehrt, nachdem sie wegen ihrer Stellungnahme gegen die Ausbürgerung von Wolf Biermann aus der SED und dem Schriftstellerverband ausgeschlossen wurde.

Vor ihrer Ausbildung am Literaturinstitut Johannes R. Becher in Leipzig hatte Sarah Kirsch eine Forstarbeiterlehre angefangen und Biologie studiert. Ein sensibles Auge für die

Natur behielt sie auch als Dichterin. Lange bevor in beiden Teilen Deutschlands eine Umweltbewegung entstand, machte sie Umweltverschmutzung zum Thema. Die Beschreibung einer Bootsfahrt begann sie mit den Worten: »Fluß, müdes geschändetes Lasttier des Fortschritts, / schwarz schimmert dir die verätzte Haut / zwischen den flachen staubgrünen Ufern«.

Ihre Gedichte in dem Band »Gespräch mit dem Saurier« enthalten Metaphern, die als Warnung vor technischem Größenwahn und Machthunger verstanden werden können:

Der Saurier

Der Saurier
das böse Tier
war im Norden
so groß geworden
und so mächtig
und so prächtig
daß ihn befiel der Wahn:
Er fraß die Sonne aus ihrer Bahn.
In der Eiszeit
da war es so weit
vorbei alle Freud
da starb er aus.
Lerne daraus!

Sarah Kirsch ist eine vielseitige Autorin, hat auch Geschichten für Kinder geschrieben und gilt als Pionierin der Interviewliteratur in der DDR. Für »Die Pantherfrau – fünf unfrisierte Erzählungen aus dem Kassetten-Recorder« nutzte sie 1973 Tonbandaufnahmen, um fünf unterschiedliche Frauenbiografien aus der DDR zu porträtieren. Auf diese Weise entstand ein wunderbar facettenreiches Zeit-dokument.

Der Titel ist einer Zirkusartistin gewidmet. »Ich bin ins Kinderballett gegangen, von vier bis zwölf Jahren. Da wurde die Ballettschule ausgebombt«, erzählt die Pantherfrau. Mit 15 Jahren fängt sie wieder an zu tanzen, will professionelle Tänzerin werden, aber später wird sie zur Kunstreiterin ausgebildet und heiratet einen Dompteur, der ihr Repertoire noch erweitert: »Es hat alles gut geklappt, ich hab die weib-lichen Löwen bekommen, mein Mann die männlichen.« Die Kunstreiterei wird ihr zu riskant, als sie schwanger ist. »Als unsere Tochter unterwegs war, hab ich ganz aufgehört, weil es dann doch zu gefährlich wurde wegen der Stürze, und ich hab dann nur mit 'n Löwen gearbeitet.«

Später stellt ihr Mann eine gemischte Raubtiernummer für sie zusammen. Dann spezialisiert sie sich auf Panther, die, wie sie sagt, sehr empfindlich sind und nicht geschlagen werden wollen. Sie ist erfolgreich in ihrem Beruf und geht regelmäßig auf Tournee: »Geht alles gut. Wir waren mit den schwarzen Panthern in der Sowjetunion, wir reisen schon zwei Jahre in Polen, dieses Jahr das dritte Mal.« Allerdings ist dieses Leben anstrengend – sie arbeitet notfalls auch, wenn sie krank ist, steht manchmal sogar mit Fieber in der Manege.

Als Fragestellerin tritt Sarah Kirsch nicht in Erscheinung, ergreift aber zwischendurch im Reportagestil das Wort: »Selbst wenn sie Stürze vom Pferderücken beschreibt, ge-schieht dies derart, wie sich eine Hausfrau über das Schälen von Kartoffeln auslassen würde, sicher, mitunter schneidet man sich.« Weitere Geschichten aus dem Kassetten-Recor-der handeln von Politik, vom antifaschistischen Widerstand und vom Durchhalten im Verhör, von Begegnungen der Frauen mit berühmten Künstlerinnen und Künstlern, aber auch vom Staffelschwimmen oder den Zwillingen einer jungen Arbeiterin, die sich für klassische Musik begeistert – und von glücklichen und gescheiterten Ehen.

»Man muss jetzt mit dem Verstand kämpfen«, sagt eine Ökonomin. »Mit dem Herzen kämpfend kann man ja Berge versetzen, aber wenn der Intellekt fehlt, kommen die Berge manchmal an die falsche Stelle.« – »Da waren Frauen, die waren 40, 50, die waren eingefuchst, sage ich Ihnen, die sahen aus wie 'n Sack Zement vom vielen Rauchen, und so verbraucht, die haben die Pakete hochgenommen, als ob det 'n Stück Zuckerwatte wäre. Und ich als jungsches Ding, ich habe mich mehr an die Dinger rangehangen, als det ich was geschafft habe«, sagt die Arbeiterin, die es genossen hat, mit ihren Zwillingen drei Jahre zu Hause zu bleiben, nun halbtags arbeitet und nachmittags Beethoven auflegt. Sie sagt ehrlich, dass ihr das Lernen für die Facharbeiterprüfung zu trocken war. Auch mit der Schule hatte sie Probleme.

Die Erwerbsarbeit kann sie nicht mit Selbstverwirklichung verbinden, dem Leben aber trotzdem viel abgewinnen. »Wir unternehmen viel, auch in Museen gehen wir, und ich interessier mich auch für Architektur. Ich hab Interesse dafür, das hat mir vielleicht als Kind gefehlt. Die Kinder sollen sich gleich von Anfang an an die Materie gewöhnen.«

Mit der »Pantherfrau« hat Sarah Kirsch eine Buntheit dokumentiert, die ein Großteil der Westdeutschen kaum in der DDR vermutet hätte. Als die Schriftstellerin selbst in den Westen ging, verlor die DDR allerdings auch ein Stück von dieser Buntheit.

In einem Artikel zu ihrem 70. Geburtstag schrieb die »Frankfurter Allgemeine Zeitung«: »Diese Dichterin ist, könnte man sagen, eine Panerotikerin. Erotisch ist ihr Verhältnis zur Natur, zu den Menschen und den Tieren, zum Mond, zur Sonne und zu den Sternen, zum ganzen Universum und schließlich, in ihren Sturm-und-Drang-Jahren, sogar zur Politik, sogar, man wird es kaum glauben, zu dem

Land, das eine Zeitlang ihre Heimat war, zur Deutschen Demokratischen Republik.«

Eva Strittmatter

Frauen, die über die Liebe und den Wahnsinn schrieben, wie er in jedem Gesellschaftssystem vorkommen und auch weiterhin bestehen sollte, wenn der »Neue Mensch« nicht vor Langeweile sterben soll, gab es auch in der DDR. Die erfolgreichste von ihnen war und ist wohl die 1930 geborene Eva Strittmatter. Lange lebte sie zurückgezogen – aus Liebe zu ihrem Mann. Um den 18 Jahre älteren Schriftsteller Erwin Strittmatter musste sie von Anfang an kämpfen – und auch später hatte sie ihn selten für sich allein. Obwohl sie seinem Wunsch gefolgt war, aufs Land zu ziehen. Als junge Frau hätte sie lieber in der Stadt gelebt – obgleich viele ihrer Gedichte zeigen, dass sie einen sensiblen Blick für die Schönheit der Natur hat.

Mit fast 80 erzählt sie der Journalistin Irmtraud Gutschke ihre Lebenserinnerungen. Im streng feministischen Sinne wirkt Eva Strittmatter darin gar nicht selbstbewusst, aber ihr Werk zeigt, dass sie sich ihrer selbst und ihrer Prioritäten im Leben sehr wohl bewusst ist. Sie kennt beide Seiten der Medaille »Liebe« und war bereit, den Preis für die schöne, strahlende, euphorische Seite zu zahlen:

Wie furchtbar auch die Flamme war,
In der man einst zusammenbrannte,
Am Ende bleibt ein wenig Glut.
Auch uns geschieht das Altbekannte.
Daß es nicht Asche ist, die letzte Spur von Feuer,
Zeigt unser Tagwerk. Und wie teuer
Die kleine Wärme ist, hab ich erfahren

In diesem schlimmsten Jahr
Von allen meinen Jahren.
Wenn wieder so ein Winter wird
Und auf mich so ein Schnee fällt,
Rettet nur diese Wärme mich
Vom Tod. Was hält
Mich sonst? Von unsrer Liebe bleibt: daß
Wir uns halten. Kein Gras
Wird auf uns sein, kein Stein,
Solange diese Glut glimmt.

Solange Glut ist,
Kann auch Feuer sein.

Obwohl Eva Strittmatter selten direkt über Politik geschrieben hat, ist sie eine politisch wache Persönlichkeit und verfolgt das Geschehen bis heute sehr genau. In ihrem Freundeskreis, zu dem auch Hermann Kant gehört, wurde immer viel Brisantes diskutiert. In die SED wollte sie schon 1952 eintreten, musste allerdings warten, da zu dieser Zeit vorrangig Arbeiter aufgenommen wurden. So wurde sie erst 1959 Kandidatin und 1961 Mitglied der Partei. Zum Zeitpunkt der Staatsgründung interessierte sie sich nach eigener Aussage noch kaum für Politik. Für ein Studium an der Humboldt-Universität entschied sie sich, weil sie sich dort erwünscht fühlte und das Stipendium ihr Sicherheit gab – in Westberlin hätte sie nicht gewusst, wovon sie leben sollte.

Einen erheblichen Teil ihrer Politisierung erfuhr Eva Strittmatter im Schriftstellerverband der DDR. Dort kam sie schon früh mit Autoren zusammen, die in der Emigration gewesen waren. Später sagte sie, sie habe bei diesen Treffen viel begriffen und jedes Wort aufgesogen. Als der P.E.N.-Club sich in Ost und West spaltete, bekam Eva Strittmatter für die DDR den Auftrag, die Lebensläufe bestimmter Autoren aufzuzeichnen. So wurde sie mit Friedrich Wolf, Willi Bredel und Bodo Uhse bekannt. Anna Seghers und Ludwig Renn bewunderte sie.

In dem 1977 erschienenen Gedichtband »Die eine Rose überwältigt alles« formulierte sie Fragen, die damals viele beschäftigten. In ihrem Gedicht »Der Kern« heißt es:

Werden alle lernen zu denken?
Haben alle dazu Zeit?
Muß man die Menschen lenken,
Damit man sie befreit?

Es mag müßig erscheinen, zu erwähnen, dass diese Denkanstöße nicht gegen die DDR gerichtet waren, sondern auf eine Kurskorrektur abzielten, von der das Land und die Menschen profitieren sollten. Die »friedliche Revolution« von 1989 hat die Dichterin als abgekartetes Spiel erlebt, in dem diejenigen über den Tisch gezogen wurden, die eine bessere DDR und nicht den Anschluss an die BRD wollten. Im Gespräch mit Irmtraud Gutschke äußert sie sich dazu: »Die Inszenierung hat doch perfekt geklappt – und wenig später war es mit der DDR vorbei.«[2] Vielleicht hätten damals mehr Menschen dieses Spiel durchschaut, wenn in den 25 Jahren davor mehr Diskussionen zugelassen worden wären.

Christa Wolf, Sarah Kirsch und Eva Strittmatter standen für ähnliche Wertvorstellungen und anfangs auch für eine ähnliche Identifikation mit der DDR. Mit der oft enttäuschenden Kulturpolitik sind sie im Lauf der Jahre völlig unterschiedlich umgegangen.

1 Die Zeit, 18.3.1999.
2 Irmtraud Gutschke: Eva Strittmatter. Leib und Leben. Berlin 2008, S. 81.

Sonnensucherinnen
Emanzipation im DEFA-Film

Der Kulturkampf um die Moralvorstellungen und das Frauenbild der DDR spiegelt sich nicht nur in zeitgenössischen DEFA-Filmen, sondern auch im politischen Umgang mit ihnen. Einerseits hatten Filmschaffende mit kritischem Blick in der DDR eine starke Lobby – sonst hätten einige bemerkenswerte Filme gar nicht gedreht werden können. Auf der anderen Seite hatte das Publikum oft erst nach Jahren etwas davon. Die DDR ließ sich gute Filme etwas kosten und versteckte einige der besten. Ein trauriger Höhepunkt dieser Politik war das 11. Plenum des ZK der SED im Dezember 1965, dem ein Großteil der Jahresproduktion zum Opfer fiel.

Zu viele Funktionäre wünschten sich eine heile sozialistische Filmwelt, Helden mit aalglatten Biografien und den Verzicht auf kritische Hinweise jeglicher Art. Das Frauenbild stand dabei nicht im Zentrum der Auseinandersetzung, aber auffallend oft waren Filme betroffen, die konsequent mit der patriarchalischen Spielart von Ehre und Schande gebrochen hatten und davor warnten, dieses veraltete Denken als sozialistische Moral zu deklarieren. Filmfiguren, die das taten, kamen oft nicht gut weg.

In der positiven Einstellung zur Berufstätigkeit der Frau und der Anerkennung ihrer Fähigkeiten waren sich Filmschaffende und Funktionäre einig. Was allerdings die Sexualität und das Liebesleben der Frau anging, deutet vieles darauf hin, dass sich die Offiziellen öfter die Propagierung geordneter Verhältnisse gewünscht hätten. Die Filmemacher zeigten dagegen Frauen, die ihre Unabhängigkeit nutzten, um in der Liebe ihren Gefühlen zu folgen. Sie konnten leidenschaftlich kämpfen oder geduldig sein, aber manchmal trennten sie sich auch wieder; sie gingen Beziehungen ein und sagten nicht B, wenn sie erkannt hatten, dass A falsch war.

Die kleinbürgerliche Moral war um sie herum noch vorhanden, aber kein Hindernis mehr für sie – und die Ehe ohne Liebe war nicht mehr heilig, weil sie als Versorgungsinstrument nicht mehr gebraucht wurde. Eine logische Folge der ökonomischen Gleichberechtigung, die von der SED hochgehalten wurde. Aber nicht alle Genossen verkrafteten es eben gut, wenn Frauen diese neue Freiheit auch privat nutzten. Dieses Unvermögen zeigte sich oft auch in der Beurteilung von Filmen. Moralinsäure quoll aus allen Poren.

Filme, die nicht oder mit großer Verzögerung gezeigt werden durften, sagten im Grunde Ja zur DDR. Aber es war keine blinde Zustimmung, sondern ein kritisches, weil mitdenkendes Ja, dessen Wert nicht erkannt wurde. Es war Kritik von links – und das tat besonders weh; das konnten manche Politiker und Funktionäre nicht verstehen. Die Kreativen kämpften gegen die Logik »Wer nicht für uns ist, ist gegen uns« und warnten in ihren Werken davor, Menschen abzustempeln, die sich nicht sofort überzeugen ließen.

»Einsperren, das könnt ihr«, denkt die 18-jährige Lotte Lutz in Konrad Wolfs Film »Sonnensucher«, nachdem sie bei einer Razzia in Berlin aufgegriffen wurde. Auf dem Land aufgewachsen, herumgestoßen und sexuellen Übergriffen ausgesetzt, ist sie 1950 zu ihrer älteren Freundin Emmi nach Berlin geflüchtet, die ihr schon bei Kriegsende auf der Flucht Richtung Westen schützend zur Seite gestanden hat. Beide sind im Osten geblieben.

Emmi, eine menschlich hochanständige Ex-Prostituierte mit Zirkusvergangenheit, die den Kommunisten Jupp König vor den Nazis gerettet hat, und das elternlose Mädchen Lotte geraten in die Mühlen der Behörden. Beide werden zur Arbeit bei der Wismut verpflichtet, der deutsch-sowjetischen Bergbaugesellschaft, die Uran abbaut. »Aus vielen Gegenden strömen Menschen zusammen, gleichgültige und hoffnungsvolle, freiwillig und unfreiwillig. Ohne Scheu greift der Film die Konflikte dieses schwierigen Anfangs auf«, heißt es im Progress-Filmprogramm Nr. 112 von 1959. Leider wird das Programmheft nicht ausgeliefert. »Sonnensucher« wird verboten, nicht zuletzt, weil der Film das brisante Thema Uranbergbau aufgreift. Jahrelange Auseinandersetzungen folgen.

Dass dieser Film in der DDR erst 1972 gezeigt werden konnte, ist aus heutiger Sicht schwer verständlich. Denn er bricht eine Lanze für die Kommunisten, die nach dem Schock der Hiroshima-Bombe das Wettrüsten als bittere Notwendigkeit ansahen, um den Frieden durch ein Gleichgewicht des Schreckens zu sichern.

Die Atmosphäre unter Tage erinnert manchmal an einen Schützengraben. Gewissermaßen ist es auch einer – ein Schützengraben des Kalten Krieges. Doch hier arbeiten Deutsche und Russen zusammen. Das Klima ist rau, aber langsam und mit vielen kleinen Rückschlägen halten Freundschaft und Völkerverständigung Einzug. Lotte wird als Radiometristin angelernt und zieht mit dem Geigerzähler durch die Schächte, um Uran zu orten. Der kräftige Jupp König gehört zu den Freiwilligen. Er war auch schon bei den Roten Matrosen und beim Rofrontkämpferbund. Eigentlich soll er Parteisekretär werden, will aber nicht an den Schreibtisch.

Während die alte Liebe zwischen Emmi und dem »süßen Bolschewiken« um die 50 wieder aufflammt, interessieren sich drei sehr unterschiedliche Männer für Lotte. Mit dem jungen Günter Holleck lebt sie kurze Zeit zusammen, muss aber schnell feststellen, dass er nicht der Richtige ist. Nicht böswillig, aber unsensibel und voller Vorurteile, kreidet er ihr die Freundschaft mit Emmi wegen deren Verbindung zum Milieu an. Als er sie bewusst damit demütigt, verlässt Lotte ihn.

Obersteiger Franz Beier hat mit seiner faschistischen Vergangenheit gebrochen, ist aber psychisch noch nicht im Frieden und im Sozialismus angekommen. In jugendlicher Verblendung hatte er sich freiwillig zur Waffen-SS gemeldet und einen Arm verloren.

»Ich brauche einen Menschen – und du auch«, sagt er zu Lotte, als er überraschend verkündet, dass er sie heiraten werde. Das Interesse des Obersteigers an der jungen Frau trägt nicht dazu bei, die ohnehin schon vorhandenen Spannungen zwischen ihm und dem sowjetischen Ingenieur Sergej Melnikow abzubauen. Denn auch dieser entwickelt Gefühle für Lotte. Sie ist genau so alt, wie seine Frau war, als sie von der SS-Division »Das Reich« ermordet wurde. Dort hat auch Beier gedient. Sergej weiß das. »Ich wünsche Ihnen viel Glück, weil Ihre Frau es verdient«, sagt er zu Beier, als er und Lotte heiraten.

Es ist eine Doppelhochzeit, denn auch Jupp und Emmi geben sich nun offiziell das Ja-Wort – dazu wurden sie von der Partei genötigt, nachdem der sympathische Kommunist sich geweigert hat, die Beziehung zu beenden.

Aber geordnete Verhältnisse kehren bei den »Sonnensuchern« auch dann nicht ein, denn Lotte erwartet ein Kind von Günter Holleck. Als sie sich Beier offenbart und ihre Sachen packt, weiß er ihre Ehrlichkeit zu schätzen. Er bietet ihr an, das Kind mit ihr gemeinsam großzuziehen. Am nächsten Tag verunglückt er tödlich im Schacht.

Am Ende des Films ist Lotte eine alleinerziehende Mutter – aber nicht so ganz, denn Jupp und Emmi haben sie bei sich aufgenommen. Von Sergej verabschiedet sie sich mit einem ersten und letzten Kuss. Mehr ist zwischen ihnen rein körperlich nicht passiert.

Die zahlreichen Verwicklungen im Liebesleben der weiblichen Hauptfiguren von »Sonnensucher« waren zu viel für die selbsternannten Hüter der sozialistischen Moral. Die gezeigten Frauen seien »nicht ehrbar«, die Parteisekretäre »nicht typisch«, beschwerten sich Vertreter der Betriebs- und SED-Leitung der Wismut nach einer Rohschnitt-Vorführung. Die Filmfigur des sittenstrengen Parteisekretärs, der Jupp seine Beziehung zu Emmi, der Frau mit Vergangenheit, ausreden will, kann demnach nicht ganz untypisch sein.

»Den Blick haste noch nicht«, sagt ihm Jupp. Er meint den Blick, um das Gute und Wertvolle im Menschen zu erkennen.

Der Regisseur Konrad Wolf resignierte nicht, als seine Arbeit der Zensur zum Opfer fiel. Er wartete, bis die DDR reif für seinen Film war. Glücklicherweise konnte er in der Zwischenzeit weitere Filme drehen, ohne die das kulturelle Erbe dieser Republik um einiges ärmer wäre. Ab 1965 war er Präsident der Akademie der Künste der DDR und übernahm so die schwierige Rolle des Vermittlers zwischen Kunst und Politik. 1982 starb er nach kurzer, schwerer Krankheit mit nur 56 Jahren.

Die weibliche Perspektive hatte schon seinen Vater Friedrich Wolf mehr als andere Söhne seiner Zeit interessiert, als er 1929 mit dem Theaterstück »Cyankali« den Abtreibungsparagrafen 218 kritisiert hatte. Mit der Schriftstellerin Christa Wolf war der Regisseur nicht verwandt – »aber ihr verbunden durch die Suche nach dem wahren Leben im falschen des DDR-Sozialismus«, schrieb die Zeitung »Die Welt«, als ihr Roman »Der geteilte Himmel« 36 Jahre nach der Niederschrift auch im Theater ankam.[1] Konrad Wolf hatte ihn 1964 ein Jahr nach seinem Erscheinen im Stil der französischen »Nouvelle Vague« verfilmt. Die »Welt« kam an der künstlerischen Anerkennung für Christa und Konrad

Wolf nicht vorbei, belächelte aber deren Entscheidung, mit künstlerischen Mitteln für eine bessere DDR gekämpft zu haben statt in den Westen gegangen zu sein.

Viele der DEFA-Filme, die in den Archiven landeten, enthielten bewusst oder unbewusst die Botschaft von Alexandra Kollontai: »Nicht die sexuellen Beziehungen bestimmen das moralische Ansehen der Frau, sondern ihr Wert im Arbeitsleben, bei der gesellschaftlich-nützlichen Arbeit.«

Allein unter Männern

Einer der Drehbuchautoren von »Sonnensucher«, Karl Georg Egel, war 1965 an einem weiteren Film beteiligt, der für Jahre im Giftschrank verschwinden sollte. Zusammen mit dem Regisseur Frank Beyer schrieb er das Drehbuch für die Verfilmung von Erik Neutschs Romans »Spur der Steine«. Das Werk schaffte es zwar 1966 in die Kinos der DDR, wurde aber kurz darauf verboten. Erst 1989 konnte der Film wieder gezeigt werden.

In »Spur der Steine« muss sich die junge Ingenieurin Kati Klee in einer Männerwelt behaupten – auf der Großbaustelle Schkona, im Reich des ungehobelten Brigadiers Hannes Balla, gespielt von Manfred Krug. Ein Macho, wie er im Buche steht, aber mit einem guten Kern. Am Anfang gefällt ihm nur Katis Augenaufschlag, während ihre Qualifikation nicht so ganz in sein Weltbild passt. Erst nennt er sie »Mädchen«, dann »kleine Chefin«.

Auch dem Parteisekretär Werner Horrath macht es Balla nicht leicht. Um Planungsfehler nicht ausbaden zu müssen, verbaut er Material, das anderweitig verplant ist. Horrath will, »dass der Anarchismus auf der Baustelle aufhört« – und Kati muss mit ihrem weiblichen Charme deeskalieren, als er Balla wegen undiszipliniertenVerhaltens die Leistungsprämie streicht. Ein äußerst steiniger Weg führt zur Freundschaft zwischen diesen beiden Männern.

Der Revierkampf auf der Baustelle ist auch ein tabuisierter Klassenkampf – nämlich der zwischen Arbeitern und Funktionären, die sich von der Arbeiterklasse entfremdet hatten. Der unversöhnliche Klassenwiderspruch des Kapitalismus war aufgehoben, aber die noch nicht aufgehobene Arbeitsteilung hatte neue Klassen hervorgebracht, die zumindest ein Verständigungsproblem hatten.

Aber auf der Baustelle in »Spur der Steine« sind noch andere Rivalitäten im Spiel: Beide Männer verlieben sich in Kati. »Mit Ihnen würd' ich mir sogar 'n DEFA-Film anschauen«, sagt Balla, als er sie ins Kino einladen will. Doch sie favorisiert Horrath, obwohl er verheiratet ist. Für ihn kein Hindernis, eine Affäre mit Kati zu beginnen; er scheint auch Gefühle zu entwickeln, aber sein Umgang damit ist widersprüchlich. Der Parteisekretär wird in diesem Film selbst zum gefallenen Engel. Als Kati von ihm schwanger wird, schweigt sie aus Loyalität, während er sich in Lügen verstrickt. Das klärende Gespräch mit seiner Frau verschiebt er immer wieder.

Die schwangere Kati wird von ihrer Parteigruppe unter Druck gesetzt, den Namen des Vaters preiszugeben. Dieser ist dabei und sieht es wortlos mit an. Seine Selbstrechtfertigung: Er sei schwer zu ersetzen und müsse erst Ordnung auf der Baustelle schaffen. Ehrlichkeit würde seine sofortige Ablösung bedeuten. »Wer in diesem Punkt anfällig ist, der ist es auch in anderen Punkten« – so hat er das in der Partei gelernt und nie infrage gestellt. Nun ist er selbst der Betroffene. Als er am Ende doch die Wahrheit sagt, seine Frau die Scheidung einreicht und ihn die volle Härte der sozialistischen Moral trifft, ist es Balla, der ihn verteidigt. Als einfacher Arbeiter bleibt Horrath auf der Baustelle. Katis Liebe zu ihm ist an seiner Inkonsequenz zerbrochen, aber sie kann ihm auch nicht mit der nötigen Gleichgültigkeit begegnen. Deshalb verlässt sie Schkona, um irgendwo neu anzufangen.

Die Frau als Geliebte wird hier eindeutig nicht als Schuldige präsentiert, denn sie selbst betrügt keinen ihr nahestehenden Menschen. Unbequem ist diese Sichtweise nicht nur für Männer, sondern auch für Frauen, die betrogen wurden und ihre Wut lieber gegen die dritte Person richten, um ihrem Partner besser verzeihen zu können. Eifersucht begünstigt in solchen Fällen ein falsches moralisches Urteil. Im Film lässt sich die Ehefrau scheiden; wie sie emotional damit umgeht, kommt allerdings nicht vor. Ob der Einzelne – in diesem Fall der Parteisekretär Werner Horrath – mehr Schuld hat oder die Mentalität in der Partei, die seine Unaufrichtigkeit provoziert hat, den Ausschlag gibt, bleibt dem Urteil des Publikums überlassen. Eine Aufforderung zur Diskussion über sozialistische Moral, die durch das Filmverbot zwar nicht flächendeckend verhindert wurde und auch unabhängig davon existierte, aber zumindest behindert wurde.

»Kaninchenfilme«

»Kaninchenfilme« wurden alle Filme genannt, die 1965 auf dem 11. Plenum des ZK verboten wurden. Der Grund war die Filmadaption von Manfred Bielers Roman »Maria Morzeck oder Das Kaninchen bin ich« von 1965.

Auch hier wird mehr als ein Tabuthema aufgegriffen. Die Hauptfigur Maria Morzeck – gespielt von Angelika Waller – darf nicht studieren, weil ihr Bruder wegen »staatsgefährdender Hetze« zu einer Haftstrafe verurteilt wurde. Auch sie gilt daher als politisch unzuverlässig. Sie arbeitet als Kellnerin, gibt aber die Hoffnung nicht auf, irgendwann doch Slawistik studieren zu können, und verliebt sich in den wesentlich älteren Paul Deister. Als die nach außen hin selbstbewusst wirkende Berlinerin erfährt, dass er der Richter ist, der ihren Bruder verurteilt hat, gerät sie in einen schmerzhaften Konflikt. Sie will aber die Situation ihres Bruders und ihre Liebe zu Paul auseinanderhalten.

Natürlich geht das nicht gut – und wieder einmal macht eine Figur, die den Staat repräsentiert, in einem DEFA-Film einen schlechten Eindruck. Der verheiratete Paul entpuppt sich als Karrierist, der seine Gefühle, falls sie vorhanden sind, viel weiter unten einsortiert als Maria. Eines Tages steht sie seiner Frau gegenüber und fühlt sich wie das Kaninchen vor der Schlange. Natürlich gibt sie sich nicht zu erkennen. Als Marias Bruder vorzeitig entlassen wird und von ihrer Liaison mit dem Richter erfährt, schlägt er sie zusammen. Eine Verräterin ist sie aus seiner Sicht, gleichgültig was sie durchgemacht hat. Aber Maria versinkt nicht in Selbstmitleid. Sie schminkt sich die Veilchen weg und kämpft weiter um ihre Zulassung zum Studium.

Der Hauptgrund für das Aufführungsverbot von »Das Kaninchen bin ich« war die kritische Auseinandersetzung mit der politischen Strafjustiz der DDR. Für manch einen Funktionär, der noch immer veralteten patriarchalischen Denkweisen anhing, muss der Ehebruch des Richters aus der Perspektive der Geliebten, die nicht ins Bild von der bösen Verführerin passt, aber noch ein zusätzlicher Stein des Anstoßes gewesen sein.

Kein Sozialismus ohne Liebe

Zu Beginn der Regierungszeit Erich Honeckers änderte sich die Kulturpolitik. Ein romantischer Liebesfilm, der nicht vordergründig politische Konflikte zeigt und dennoch den überangepassten Funktionärstyp aufs Korn nimmt, ist »Die

Legende von Paul und Paula«. 1973 wurde der Film von Heiner Carow mit Winfried Glatzeder und Angelica Domröse in den Hauptrollen in der DDR zum Publikumserfolg. Erich Honecker soll persönlich entschieden haben, ihn freizugeben.

Der ehrgeizige Paul ist unglücklich verheiratet. Am Ende seiner Armeezeit hat er seine Frau Ines beim Fremdgehen erwischt – und nach einer Aussöhnung ist nur Entfremdung geblieben. Mit seinen Schwiegereltern steht Paul auf Kriegsfuß. Die sinnliche und romantische Paula lebt allein mit ihren zwei Kindern in seiner Nachbarschaft. Beruflich hat die Verkäuferin nicht viel Abwechslung, aber wenn sie gutgelaunt ist, dann strahlt und singt sie auch an der Kasse oder an der Pfandrückgabe. Als sich Paul und Paula in einem Nachtclub begegnen, endet der Abend mit leidenschaftlichem Sex. Beide wollen es nicht bei diesem einen Mal belassen. Aber während Paula den großen Gefühlen freien Lauf lässt, bleibt Paul distanziert. Er kann die schönen Momente zwar genießen, meint aber, der Karriere wegen den Schein einer intakten Ehe wahren zu müssen. Paul ist im Außenhandelsministerium tätig, seinen Beruf gibt er mit »Persönlicher Referent« an. »Ich kann mir keine Scheidungsgeschichte leisten«, sagt er. »Es gibt keine Vorschrift, aber es ist so.«

Erst als Paula ihren Sohn durch einen Unfall verliert und sich in ihrer Trauer von Paul zurückzieht, spürt er seine Liebe und kämpft um sie. Nun ist es ihm egal, was die Leute denken. Die Menschwerdung des Bürokraten ist radikal und rührend – aber eine Frau, die seine Liebe nicht aus tiefstem Herzen erwidert, würde es heute als Stalking bezeichnen, was Paul da tut: Eine Woche lang belagert er Paula und übernachtet sogar unrasiert vor ihrer Tür. Nachdem er tagelang gefehlt hat, marschieren seine Kollegen auf, um ihm ins Gewissen zu reden. Gewaschen und rasiert unternimmt Paul einen letzten Versuch, seine Ehe zu retten. Im Grunde kommt es ihm jedoch nicht ungelegen, dass ein anderer Mann im Schlafzimmerschrank steht.

Paul und Paula erleben eine kurze Zeit des Glücks. Paula wird schwanger und freut sich auf das gemeinsame Kind, obwohl die Ärzte überzeugt sind, dass sie die Geburt nicht überleben wird. Auf ihre Nachfrage, ob sie nicht doch eine kleine Chance habe, kann ihr Arzt das aber nicht ausschließen – und Paula, die leidenschaftliche Optimistin, entscheidet sich für das Kind. Am Ende stirbt sie tatsächlich – was nicht gezeigt, sondern nur schriftlich eingeblendet wird.

Warum die Filmfigur das riskiert und ob dieser traurige Schluss wirklich sein muss, ist schwer zu beantworten. Man kann es vielleicht als eine Metapher sehen: In einer Hinsicht waren Kommunisten, die in der DDR als Helden verehrt wurden, der gefühlsbetonten Paula viel ähnlicher als dem ehrgeizigen Paul am Anfang des Films. Denn sie hatten nicht an sich gedacht, sondern für etwas gebrannt und trotz geringer Erfolgs- und Überlebenschancen alles dafür gegeben. Am offiziellen Segen für »Paul und Paula« war zu sehen, dass sich die Moralvorstellungen der Lebens- und Liebesrealität annäherten.

»Graffunda räumt auf«

Anfang der siebziger Jahre wurden in der DDR heitere, populäre Filme gedreht, die verglichen mit BRD-Verhältnissen eine sehr moderne Gesellschaft zeigten. Auch die Mitte der sechziger Jahre begonnene Frauenforschung wurde damals in der DDR filmisch verarbeitet.

Das Problem der häuslichen Arbeitsteilung griff die DEFA in der Komödie »Der Mann, der nach Oma kam« auf. Der Regisseur Roland Oehme drehte sie 1971 nach der Erzählung »Graffunda räumt auf« von Renate Holland-Moritz.

Der Film zog seinerzeit über drei Millionen Zuschauer in die Kinos – in den Hauptrollen waren der Filmkomiker Rolf Herricht, die Schauspielerin Marita Böhme und der als Hausmann anscheinend sehr talentierte Winfried Glatzeder zu sehen. Persifliert wurde vor allem die Selbstverständlichkeit, mit der von Frauen erwartet worden war, Hausarbeit nebenbei zu erledigen – aber auch der Exotenstatus von Männern, die sich ernsthafter daran beteiligten.

Das vielbeschäftigte Künstlerehepaar Piesold ist ratlos. Bisher hat die hilfsbereite Großmutter die Kinder erzogen und den Haushalt geführt – doch die will noch etwas vom Leben haben und heiratet wieder. Erst am Polterabend wird Günter Piesold klar, dass seine Mutter, die er »Oma« nennt, schwer zu ersetzen ist. Während sie mit ihrem neuen Mann auf einem Wolgadampfer ausspannt, bricht bei Piesolds das Chaos aus. Das Baby schreit, der Sohnemann bekommt auf die Schnelle keinen Kindergartenplatz, tobt in diversen Verkleidungen durch die Wohnung und schleppt einen toten Maulwurf an, während sich quicklebendig Hund, Hamster, Igel und Schildkröte im Hause Piesold tummeln. Die große Schwester hat schon einen Freund, engagiert sich in der FDJ und gibt einem Klassenkameraden Nachhilfe, hat also genügend Verpflichtungen, auf die sie sich berufen kann.

Gudrun Piesold übt am Klavier und singt, wenn sie nicht gerade zur Theaterprobe oder einer Frauenausschusssitzung muss. »Zeit müsste man haben«, sinniert sie. Ihr Gatte Günter ist ein bekannter Komiker und findet das alles gar nicht mehr lustig. Als er seinem Abgeordneten im Bezirk wegen des Kindergartenplatzes Dampf macht, sagt dieser ihm glattweg ins Gesicht: »Du bist doch nichts Besonderes, nur weil du was Besonderes bist.« Auch Gudrun Piesold gelingt es nicht, sich in der Not vorzudrängeln.

Per Inserat sucht die Familie schließlich eine Haushaltshilfe. Überraschenderweise meldet sich ein junger Mann –

Erwin Graffunda, der sich als wahre Perle im Haushalt erweist. Intelligent, charmant und gutaussehend weckt die männliche Haushaltshilfe aber auch bald die Neugier der Nachbarn. Sogar das vor seiner Zeit geborene Baby wird Erwin Graffunda in der Gerüchteküche angehängt. Eine ältere Nachbarin will ihn in eindeutig-zweideutiger Situation mit Frau Piesold gesehen haben – eine jüngere nimmt es locker: »Wozu haben wir denn die Gleichberechtigung, wenn Frauen nicht auch mal fremdgehen dürfen?«

Günter Piesold nimmt sich die Gerüchte allerdings sehr zu Herzen – und schickt im Suff den vermeintlichen Nebenbuhler zum Teufel. Als Tochter Gaby den Irrtum aufklärt, will die Familie den tapferen Helden der Arbeit zurück. Dabei wollte Graffunda eigentlich nur praktische Erfahrungen für seine Doktorarbeit über die Emanzipation der Frau und die Schwierigkeiten mit der häuslichen Arbeitsteilung sammeln. Der eigentliche Titel der Doktorarbeit ist zu lang, um ihn sich zu merken. So will ihn auch Günter Piesold nicht vollständig wissen, ist aber bereit, Graffunda zu verzeihen, dass er sich zu Forschungszwecken eingeschlichen hat, sofern er sich einverstanden erklärt, in einer Fernsehshow mit dem Titel »Wer kann's besser?« sein Talent als Hausmann vorzuführen. Die 40 Jahre alte Komödie hat bis heute nichts an Aktualität eingebüßt …

In ernster Form beschäftigten sich DEFA-Filme aber auch mit Nischen, in denen patriarchalisches Bewusstsein ganz unreflektiert überlebt hatte. Der »Paul-und-Paula«-Regisseur Heiner Carow drehte 1979 das Drama »Bis dass der Tod euch scheidet« nach einer authentischen Geschichte. Darin thematisierte er Gewalt in der Ehe, die trotz aller rechtlichen Gleichstellung existieren konnte, wenn Männer veraltete Rollenklischees mit Jähzorn verbanden und Frauen durch widersprüchliche Gefühle daran gehindert wurden, sich rechtzeitig abzugrenzen.

In Carows Film versucht ein junger Mann seine Frau nach der Geburt ihres Kindes von der Berufstätigkeit abzuhalten. Denn er glaubt, von ihr den Ersatz für die familiäre Harmonie einfordern zu können, die er in seiner Kindheit vermisst hat. Aber Sonja arbeitet heimlich und qualifiziert sich. Ohne sein Wissen lässt sie einen Schwangerschaftsabbruch vornehmen, nachdem sie erfahren hat, dass sie erneut schwanger geworden ist. Jens findet es heraus und verliert jede Beherrschung. Aus der anfänglichen Liebe seiner Frau ist längst Hass geworden. Als Jens aus einer Flasche mit scharfem Reinigungsmittel trinken will, warnt sie ihn wissentlich nicht. Er überlebt knapp, doch Sonja wird mit ihren Schuldgefühlen nicht fertig und bekennt sich dazu. Wie sich beide nach diesen Erfahrungen weiterentwickeln, lässt der Film offen.

Insgesamt nahmen DEFA-Filme die Gleichberechtigung der Frau sehr ernst und sensibilisierten sowohl in ernster als auch in heiterer Form dafür, wo sie noch nicht voll verwirklicht war.

Frauen- und Männerbild im Agentenfilm – ein Ost-West-Vergleich

Während der wohl bekannteste britische Kino-Agent James Bond es liebte, sich namentlich vorzustellen, sagte der Agent des Ministeriums für Staatssicherheit aus der DDR-Fernsehreihe »Das unsichtbare Visier« nicht sehr oft: »Mein Name ist Bredebusch, Werner Bredebusch.« Vergleichbar sind die beiden nur, weil sie die männlichen Hauptfiguren aufwendiger Agentenfilme zur Zeit des Kalten Krieges sind. Sie verkörpern allerdings ein sehr unterschiedliches Männerbild.

Die Rahmenhandlung des »Unsichtbaren Visiers« bewegte sich auch deutlich näher an der Realität als die Abenteuer des britischen Romeo-Agenten, in denen das Böse im Kalten Krieg zum Teil durch die Russen, zum Teil durch fiktive Gangsterkönige wie »Goldfinger« oder auch einmal sehr massiv durch Schwarze verkörpert wurde – so 1973 in »Leben und sterben lassen«.

»Das unsichtbare Visier« kam 1973 ins DDR-Fernsehen und bezog sich zum Teil auf wahre Begebenheiten, wenn auch nicht im Detail und in den einzelnen Charakteren. Die erste Folge spielt im Jahr 1950 und handelt von der Aufdeckung der »Rattenlinie«, einer Fluchtroute für ehemals hochrangige Nazis und SS-Offiziere nach dem Ende des Zweiten Weltkrieges. Unter dem Schutz karitativer Einrichtungen und eines »Kameradenhilfswerks« verschwinden Kriegs- und Naziverbrecher spurlos. Der MfS-Agent Werner Bredebusch, gespielt von Armin Mueller-Stahl, nimmt die Identität eines im Krieg gefallenen Luftwaffenoffiziers an und kann sich glaubhaft als Achim Detjen, ehemaliger Jagdflieger der Wehrmacht ausgeben – er täuscht sogar dessen früheren Vorgesetzten.

So gelingt es dem DDR-Kundschafter, in die Organisation der faschistischen Ex-Militärs einzudringen. Über den »römischen Weg«, eine geheime Fluchtroute, tauchen viele von ihnen in Südamerika auf, formieren sich neu und warten auf ihre Stunde der Rückkehr in alte Positionen. Der angebliche Achim Detjen wird von ihnen in geheime Pläne eingeweiht.

Über die tatsächliche Rattenlinie gibt es inzwischen mehrere Bücher – und auch das ist ein dunkles Kapitel in der Geschichte der katholischen Kirche. Die weiteren Folgen hatten ebenfalls reale Hintergründe. Die Folge »Insel des Todes« griff die faschistischen Terroranschläge in Italien auf, die ab Ende der sechziger Jahre unter falscher Flagge ausgeführt wurden und Linken in die Schuhe geschoben werden sollten, um Wahlen zu manipulieren. 1990 konnten sie offiziell mit der NATO-Geheimorganisation Gladio in Verbindung gebracht werden.

Als das rbb-Fernsehen im Sommer 2009 einige Folgen zeigte, stand im Programm: »Inszeniert als Agenten-Thriller im internationalen Geheimdienstdschungel, war es gemeint als ein überlegener Blick auf den ›Klassenfeind‹ aus den Tagen des Kalten Krieges jenseits der deutsch-deutschen Grenze. Die Fernsehfilme als abenteuerliche Unterhaltung waren dabei klare Agitation.« Sicher waren sie das; aber sie waren auch deutlich weniger fiktiv als die James-Bond-Filme, die ebenso klare politische Feindbilder hatten.

Darüber hinaus war Werner Bredebusch der Mann, mit dem Frauen deutlich besser zusammenarbeiten konnten. Er hat die Macho-Pose nicht nötig, weiß auch so, dass er kein Waschlappen ist, und muss das Publikum auch nicht durch ständig neue Eroberungen oder unnötige Brutalität am Einschlafen hindern. Er ist ein Profi, aber auch politisch überzeugt. Er ist kein Asket, hat aber seine Hormone unter Kontrolle und würde nie unnötig Gefühle verletzen. Wenn er im Einsatz eine Romanze hat – was bei ihm die große Ausnahme ist –, dann fällt auch ihm die Trennung schwer. In der Folge »Das Geheimnis der Masken« verliebt er sich in Lissabon in Isabella, die junge Angestellte einer Fluglinie. Eigentlich soll er so etwas nicht machen, aber er ist ja auch nur ein Mensch. Mit seiner Kollegin Winnie Winkelmann arbeitet er freundschaftlich, professionell und auf Augenhöhe zusammen.

James Bond dagegen hat sein vorsintflutliches Frauenbild erst nach Ende des Kalten Krieges schrittweise geändert. In den siebziger Jahren hat er noch jede Hübsche verführt, egal ob Freund oder Feind – sei es taktisch oder nur zum Spaß oder beides. Ein Großteil des Publikums fand es cool. Pubertierende Jungs wollten auch so sein. Es war ja nebenbei noch für die gute Sache, soweit man sich damit auskannte oder überhaupt für Politik interessierte. Im Kalten Krieg und in der Liebe ist alles erlaubt, war die Devise.

Der DDR-»Tatort«

Die Fernsehserie »Polizeiruf 110«, die die DDR überlebt hat, handelte zu DDR-Zeiten meist nicht von spektakulären Mordfällen – sie war auch weniger actionreich als der »Tatort«, aber nicht weniger spannend, wenn die eigenen Sehgewohnheiten nicht zu abgestumpft sind. Eine Leiche gab es nicht in jeder Folge. Kleine und größere Verbrechen kamen vor – und gesellschaftliche Probleme wurden dabei offen angesprochen. Die Ermittler beschäftigten sich häufig mit Einbruch, Erpressung, Betrug oder Diebstahl. Oft spielte dabei Alkoholmissbrauch eine Rolle, der sonst in den DDR-Medien eher tabuisiert wurde.

Der DDR-»Tatort« zeigte eine noch nicht perfekte sozialistische Gesellschaft – und nicht perfekte, aber hoffnungsvolle Charaktere im Dialog mit den weniger hoffnungsvollen. Optimistischer Realismus war die Devise.

Einen besonderen Charme bezog die Serie daraus, wie sie dem Publikum den Resozialisierungsgedanken näherbringen wollte. Immer wieder tauchten Figuren auf, die menschlich im Grunde anständig waren und mit Vorurteilen zu kämpfen hatten, weil sie einmal auf die schiefe Bahn geraten waren und ein neues Leben anfangen wollten. Die Ermittler waren ihnen gegenüber zunächst auch skeptisch, halfen ihnen aber, sobald sie merkten, dass es ehrlich gemeint war. Ehemalige Kleinkriminelle, die sich ändern wollten, waren Sympathieträger, während brave Bürger in der Kritik standen, die ihnen aufgrund ihrer Vergangenheit keine Chance mehr geben wollten.

Allerdings gab es auch Charaktere, die gewissenlos und unverbesserlich erschienen. Die Ermittler entsprachen – wie in den meisten BRD-Polizeiserien auch – weitgehend dem Wunschbild vom verständnisvollen Polizisten, der Prinzipien hat, aber auch in erster Linie Mensch ist. Die Botschaft, dass nicht alle Eventualitäten des Lebens durch Gesetze und Dienstvorschriften zu regeln sind, war noch ein wiederkehrendes Motiv.

Wenn im DDR-»Polizeiruf« Gewalt gegen Frauen eine Rolle spielte, wurde mit sexistischen Vorurteilen aufgeräumt, die Verständnis für die Täter und Schuldzuweisungen an die Opfer beinhalteten. Andererseits gab es in der Serie, die seit 1971 produziert wurde, nur wenige Ermittlerinnen.

Eine von ihnen war Unterleutnant Görz, dargestellt von Anne Kasprik. In der Polizeiruf-Folge »Der Mann im Baum« von 1988 bricht die junge Polizistin in Tränen aus: Eine Frau, die gerade erst entbunden hat, wurde vergewaltigt. In der ländlichen Gegend gibt es bereits Gerede, weil der bislang unbekannte Täter es noch bei mindestens einer weiteren Frau versucht hat. Weil sie sommerlich leicht bekleidet war, wird sie von der einen oder anderen Schwätzerin selbst für die Attacke verantwortlich gemacht, gegen die sie sich erfolgreich gewehrt hat. Andere Frauen verteidigen sie gegen die üble Nachrede. Unterdessen kann der Ehemann der vergewaltigten Frau nicht mit der Situation umgehen und sucht ebenfalls einen Teil der Schuld beim Opfer.

Der Vergewaltiger ist selbst verheiratet. Seine Frau schöpft Verdacht, will aber noch nicht wahrhaben, auf welche Weise er sich Befriedigung verschafft. Sie selbst hat nach Jahren der unglücklichen Ehe beschlossen, sich ihm zu verweigern, sich aber noch nicht räumlich von ihm getrennt.

Am Ende stellt Unterleutnant Görz den Täter – im Alleingang, was ihr Vorgesetzter eigentlich nicht billigen kann. »Trotzdem: Meine Anerkennung«, sagt er.

Anne Kasprik taucht später als Leutnant Ikser in einem anderen Team wieder auf. Hier ist sie sehr korrekt, beinahe überkorrekt – und auf den zweiten Blick doch wieder sehr emotional. Die Begegnung mit einem alkoholkranken Paar geht ihr so nahe, dass sie über autoritäre Lösungen nachdenkt. »Warum verbieten wir den Alkohol nicht einfach?«, fragt sie ihren Vorgesetzten, der das für keine gute Idee hält und auf die Zustände während der Prohibition in den USA verweist.

In der Folge »Der Wahrheit verpflichtet« wird die Mordverdächtige Lucie Kramer von ihrer Vergangenheit eingeholt und kämpft gegen Vorverurteilungen aufgrund ihres früheren Lebenswandels. Tatsächlich hat sie vor 15 Jahren ihren Mann umgebracht, allerdings in Notwehr.

Als »hübsch und läufig« wurde sie damals im Dorf bezeichnet; Alkoholprobleme hatte sie auch. Seither hat sie sich wieder gefangen, studiert und zwei Kinder großgezogen, die beide zu ihr halten.

Ein Mühlstein hat die Leiche unter Wasser gehalten, bis das Skelett durch Baggerarbeiten zutage gefördert wird. Hauptmann Beck und Leutnant Ikser können schon bald zweifelsfrei feststellen, dass es sich um den seit Jahren vermissten Max Kramer handelt. Dessen verbitterte Mutter ist nun endgültig überzeugt, dass »das Weibsstück«, seine Frau Lucie, ihren Sohn umgebracht hat.

Aus den alten Ermittlungsakten geht hervor, dass die Eheleute seinerzeit ein Alkoholproblem hatten und die Fürsorge ihnen die Kinder wegnehmen wollte, was aber nicht durchzusetzen war. Lucie Kramer hatte trotz des unsteten Lebenswandels gut für die Kinder gesorgt. Ihre Tochter hat kein Verständnis dafür, dass die Polizei den alten Fall wieder aufrollt, und beschwört sie, ihre Mutter zufrieden zu lassen. Den Vater hat sie nur als jähzornigen Mann in Erinnerung, als Bedrohung für den Rest der Familie.

Hauptmann Beck ahnt, dass Lucie Kramer die Täterin ist, gerät aber in einen Gewissenskonflikt, weil er Sympathie für die Verdächtige und ihre Kinder empfindet – und nicht mit dem Toten, den er moralisch für den Schuldigen hält. Er fürchtet aber, nach so langer Zeit nicht beweisen zu können, dass es formaljuristisch Notwehr war. Deshalb sabotiert er die Zusammenarbeit mit Leutnant Ikser, die korrekt ermitteln will und sich von ihm nicht ernst genommen fühlt. Aber natürlich kommt es zwischen den Kollegen zu einer Aussprache – und beide sind erleichtert, als Opa Kramer ein Beweisstück für die Notwehrreaktion seiner Schwiegertochter präsentieren kann.

Insgesamt erscheinen Frauen im »Polizeiruf« nicht nur als Opfer, aber auch nicht nur als couragierte Bürgerinnen, sondern mitunter auch als kleinkariert und stutenbissig – gut durchmischt wie in der Realität. Aber auch hier wurde der Entwicklungsgedanke groß geschrieben. Die ehrliche Gesellschaftskritik des »DDR-Tatorts« passt nicht in das Bild, das sonst in den bundesdeutschen Medien überwiegend von der DDR gezeichnet wird. Zum Glück strahlen sie trotzdem gelegentlich die alten Folgen aus.

1 Die Welt, 22.12.1999.

Anspruch und Wirklichkeit
Gleichberechtigtes Leben in der DDR

Die Kämpfe der Klassen
Die Kämpfe zwischen Alt und Neu
Rasen auch im Innern des Einzelnen.

Bertolt Brecht

Für 18-Jährige sind 40 Jahre eine halbe Ewigkeit. Wer die ersten zehn Jahre seines Erwachsenenlebens hinter sich hat, weiß: Die DDR hat nur viermal so lang existiert wie ein Zeitraum, der wie im Flug vergehen kann. Im Vergleich zur Menschheitsgeschichte ein sehr kurzer Augenblick. Davor lagen Jahrhunderte, in denen eine Klassengesellschaft die nächste abgelöst hatte; und Jahrhunderte des Patriarchats. Vor diesem Hintergrund müssen die Entwicklungen betrachtet werden, die in 40 Jahren möglich waren.

Gespräche mit ehemaligen DDR-Bürgerinnen unterschiedlicher Berufsgruppen, die heute Anfang 40 bis Mitte 80 sind und unterschiedliche Einstellungen zur DDR hatten, vermitteln folgenden Eindruck: Alle – sowohl Frauen, die sich stark mit der DDR identifiziert haben, als auch solche, die Oppositionsgruppen nahestanden – konnten ihre Überzeugung gut begründen. Die Unterschiede hatten weniger mit ihren Wertvorstellungen zu tun als mit den verschiedenen Erfahrungswelten, Vergleichsmöglichkeiten und Handlungsspielräumen der Generationen; zum Teil aber auch mit Einzelschicksalen.

Frauen aus der Aufbaugeneration hatten das Gefühl, etwas Neues mitgestalten zu können und bekamen in der DDR plötzlich Chancen, die sie sich als Mädchen und Arbeiterkinder in Kriegs- und Vorkriegszeiten gar nicht erhofft hatten. Eine Generation später war das Recht auf bezahlte Arbeit und Ausbildung selbstverständlich geworden. So war es ja auch gedacht: als selbstverständliches Menschenrecht. Folgerichtig war es für junge Menschen aber auch nichts mehr, wofür sie dankbar sein mussten. Sie sahen es nicht als bedroht an und beschwerten sich eher, wenn sie nicht das studieren konnten, was sie wollten. Der Verweis darauf, dass es in der DDR zumindest keine Jugendarbeitslosigkeit gab, hielt sie nicht davon ab, Staat und Gesellschaft in anderen Punkten kritisch zu sehen. Damit konnte der Staat, der diese Selbstverständlichkeit geschaffen hatte, schlecht umgehen. Gewissermaßen verlangte er Dankbarkeit in Form einer höheren Frustrationstoleranz gegenüber anderen Mängeln und dogmatischer Erstarrung.

Dies war kein frauenspezifisches Problem, aber eines, das auch Teil der Lebenserinnerungen von Frauen ist. Das Gefühl, etwas mitgestalten zu können, fehlte einem Großteil der jungen Generation in der späten DDR. Die Gruppe Oktoberklub sang: »Mach doch mal einen Verbesserungsvorschlag, und wenn's nicht klappt, dann steck nicht gleich zurück.« Aber in der Praxis mussten viele die Erfahrung machen, dass eben genau dieses Verhalten nicht immer erwünscht war oder dass es vom Einzelnen abhing, wie es aufgenommen wurde. Beide Erfahrungswelten – die der Aufbaugeneration und die der Hineingeborenen – sind absolut nachvollziehbar.

Bemerkenswert ist, dass jene Frauen, die insgesamt viel Kritik an der DDR übten, den Stand der Gleichberechtigung von Mann und Frau zum Teil positiv hervorheben – oder ihn von sich aus gar nicht thematisieren, weil sie das Problem in der DDR als nicht mehr existent ansahen, wie sich dann auf Nachfrage herausstellt. Andere sahen zwar noch einige Defizite, bescheinigen der DDR in dieser Frage aber zumindest einen Vorsprung im Vergleich zur BRD. Spitzenpositionen waren dabei nicht der entscheidende Maßstab, sondern die Lebens- und Arbeitsbedingungen der Mehrheit. Aus dem niedrigen Frauenanteil im Politbüro leitete nur ein Teil der Gesprächspartnerinnen eine Benachteiligung der Frau ab. Andere sahen das nicht als zwingende Schlussfolgerung an, da sie selbst nicht dorthin gewollt hatten – folglich war es für sie Spekulation, ob sie als Frauen auf dem Weg dorthin an die »gläserne Decke« gestoßen wären.

»Es gibt auch eine gewollte Abgrenzung von männlichen Machtstrukturen, oder überhaupt von Machtstrukturen, ob sie nun männlich sind oder nicht«, sagt Irmtraud Gutschke, die nicht glaubt, dass Frauen automatisch eine bessere Politik machen, wenn sie nach Macht streben. Über sich selbst sagt die Journalistin, sie habe schlichtweg keine Lust auf irgendeine Führungsposition gehabt. »Weil ich wusste, dass ich dort weniger frei gewesen wäre. Allein die Zeit, die ich auf irgendwelchen Sitzungen hätte verbringen, und das Geschwätz, das ich mir hätte anhören müssen – man hätte mich auch viel mehr von oben reglementiert. Diesem Druck konnte man in einer niedrigeren Position leichter ausweichen. Das habe ich mir schon sehr früh überlegt.«

Ehrgeizig war und ist sie auf ihre Weise dennoch: »Es gibt zwei Wege, sobald man in einem Unternehmen angestellt ist: Möchte man aufsteigen, oder möchte man lieber in der Position, in der man ist, Kompetenz erwerben? Ich habe mich für Letzteres entschieden. Frühzeitig habe ich mir gesagt: Ich will gut werden auf meinem, dem literarischen Gebiet; ich will so schreiben, dass ich Achtung bei Lesern und auch meinen Kollegen erringe. Aber ich will keinesfalls in irgendeine Leitungsposition aufsteigen, wo ich anderen irgendwelche Anweisungen gebe.«

Gesine Lötzsch, die 1984 als Studentin in die SED eingetreten war, kann diesen Standpunkt nachvollziehen, geht aber fest davon aus, dass es die »gläserne Decke« gab: »Das betrifft sicher Ost- und Westfrauen gleichermaßen: Wenn man jung ist, denkt man, einem stehen alle Möglichkeiten offen, man schafft alles – und das Thema Gleichberechtigung sei schon seit Jahren erledigt. Andererseits konnte man auch in der DDR beobachten, dass es gerade in Führungspositionen Unterschiede gab. Gerade die politischen Führungsgremien der DDR waren ja vollständig von Männern dominiert. Allerdings gab es in der Bundesrepublik zum Beispiel Ende der sechziger Jahre noch weniger Frauen in vergleichbaren Positionen.«

Über die Attraktivität einer politischen Karriere für Frauen in der DDR sagt die heutige Spitzenpolitikerin der Linkspartei: »Sicher war die Parteikarriere für viele Frauen gar keine Option. Viele wollten lieber in der Wissenschaft oder in anderen Bereichen nach oben. Das Politbüro war für die wenigsten attraktiv, es galt gar nicht als erstrebenswert, in diesen abgeschlossenen Zirkel vorzudringen. Aber im Nachhinein wäre es wohl besser gewesen, sich in die Politik einzumischen und Veränderungen durchzusetzen. Anders war es in der Wirtschaft – da wollten durchaus mehr Frauen in Leitungspositionen und sind an die gläserne Decke gestoßen.«

In der SED habe es zu ihrer Zeit ein Problembewusstsein gegeben: »Natürlich war das ein Thema. Nicht im Sinne einer Quotendiskussion, aber es wurde schon überlegt, wie der Frauenanteil in bestimmten Positionen und Berufen erhöht werden kann.« Der universitäre Bereich sei durchlässiger gewesen: »Das konnte ich zu meiner Studienzeit beobachten. Gerade in den Sprachwissenschaften und Kulturwissenschaften, aber auch bei den Medizinern hatten damals zunehmend Frauen Professuren oder wurden auch Sektionsdirektorinnen. Aber der universitäre Bereich war gewissermaßen eine Ausnahme, weil es dort ein Rotationsprinzip gab. Die Sektionsdirektoren kamen ja nach zwei, maximal vier Jahren wieder zurück in die Wissenschaft. Dadurch kamen auch mehr Frauen an die Reihe. In anderen Bereichen gab es nicht diese Rotation, die ich übrigens auch unabhängig von der Geschlechterfrage sinnvoll finde. Unterschiedliche Aufgaben wahrzunehmen schützt schließlich auch vor Betriebsblindheit.«

Christina Klenner, die 1989 bei der Gründung des Unabhängigen Frauenverbandes der DDR dabei war, räumt dem Anteil der Frauen in den obersten Leitungsgremien einen hohen Stellenwert ein: »Das war für uns eine ganz entscheidende Frage. Natürlich nicht die einzige«, betont sie. »Aber wir haben schon in unserem ersten Aufruf thematisiert, dass zu wenig Frauen in Macht- und Entscheidungspositionen sind.«

Frauenquoten zur Überwindung dieser Schieflage waren allerdings auch für Wissenschaftlerinnen, die sich in der DDR explizit mit der Geschlechterfrage beschäftigten, nicht das Mittel der Wahl – sie wurden in der früh begonnenen DDR-Frauenforschung überhaupt erst spät thematisiert. Helga Hörz schrieb über den Frauenausschuss der Gewerkschaft an der Humboldt-Universität, dessen Vorsitzende sie 1965 geworden war: »Wir wollten keine männlichen Geschenke, auch Quotenfrauen kamen uns nicht in den Sinn. Es ging darum, in der Wissenschaft Leistungen zu vollbringen, die zeigten, dass Frauen zu Recht Bildungschancen erhielten. Vorbehalte ihnen gegenüber konnten damit ad absurdum geführt werden.«

Dass ihnen für diese Leistungen vom Staat der Rücken freigehalten wurde, sahen sie nicht als Geschenk, sondern als ihr Recht an: »Da Frauen, trotz geforderter wissenschaftlicher Leistungen, nicht auf das Glück verzichten sollten, Kinder zu haben, bedurfte es dazu konkreter Maßnahmen.

Sie schlugen sich in den Frauenförderungsplänen nieder. Der Ausschuss bereitete dazu mit seiner Sachkenntnis entsprechende Vorschläge vor.«

Der Staat habe Kinderkrippen und Kindergärten mit pädagogisch und medizinisch ausgebildetem Personal geschaffen; ihre Tochter habe eine Zeit lang den Universitätskindergarten besucht, so Helga Hörz. »Die Umsetzung richtiger Forderungen nach Gleichberechtigung gestaltete sich aber weder im Staat noch in den verschiedenen Einrichtungen problemlos und schon gar nicht im Selbstlauf.« Der Frauenausschuss habe sich sowohl mit fehlenden Kindergartenplätzen beschäftigt als auch Lehrstuhlinhaber zur Rechenschaft gezogen, die Frauenförderung missachteten oder auf die leichte Schulter nahmen.[1]

Den Demokratischen Frauenbund Deutschlands, der in den Frühzeiten der DDR eine entscheidende Rolle gespielt und für die Berufstätigkeit der Frau geworben hatte, kannte die 1950 geborene Journalistin Irmtraud Gutschke vor allem durch ihre Mutter – sie brachte ihn auch überwiegend mit deren Generation in Verbindung. »Natürlich kann das für andere Frauen ganz anders gewesen sein«, betont sie. »Der DFD war dazu da, die Gleichstellung der Frauen zu verwirklichen – und als junge Frau hatte ich zumindest das Gefühl, dass sie verwirklicht sei. Natürlich kann man darüber streiten, aber ich habe es damals so empfunden.«

Tatsächlich verlor der DFD für junge Frauen aus zwei entgegengesetzten Gründen an Bedeutung: Während viele wie Irmtraud Gutschke der Meinung waren, er habe seine historische Aufgabe erfüllt, empfanden ihn andere als zu zahm. In den achtziger Jahren bescheinigten feministische Gruppen wie die lila Offensive dem DFD eine Alibi-Funktion und warfen ihm vor, der Legitimation und Durchsetzung der letztendlich von Männern dominierten SED-Politik zu dienen.

Dass nur zwei Frauen »Kandidat« im Politbüro wurden, lässt sich nicht wegdiskutieren. Allerdings ist heute schwer zu ermitteln, wie viele Frauen in der DDR überhaupt Machtpositionen dieser Art angestrebt haben und gegen ihren Willen auf niederen Ebenen hängengeblieben sind. Chancengleichheit lässt sich nicht nur daran messen, wie viele Männer und Frauen bestimmte Positionen erreicht haben, sondern es müsste berücksichtigt werden, wie viele Menschen welchen Geschlechts mit ihren persönlichen beruflichen Zielen gescheitert sind.

Wenn auch hier die Männer deutlich in der Überzahl waren, weil mehr Männer hohe Positionen angestrebt haben, dann relativiert sich der Verdacht einer Benachteiligung der Frauen »von oben«. Die Gründe für den niedrigen Frauenanteil in Spitzenpositionen liegen dann zum Teil auch in der Sozialisation, die noch auf patriarchalischen Denkmustern und Rollenklischees beruhte.

Dafür spricht, dass die DDR-Frauenforschung Ende der sechziger Jahre noch Unterschiede in der Erziehung von Jungen und Mädchen durch die Eltern feststellen konnte. Die betroffene Generation war bei der Auflösung der DDR Mitte 20 bis Mitte 30. In Umfragen hatte sich ihre Elterngeneration »kluge«, »willensstarke« und »technisch interessierte« Söhne gewünscht, aber vor allem »warmherzige«, »herzliche« und »wissbegierige« Töchter.[2]

Eine Generation früher waren diese Unterschiede sicher nicht weniger ausgeprägt. Vielleicht waren auch qualifizierte DDR-Frauen erziehungsbedingt bescheidener und selbstkritischer als Männer, wenn es um Machtpositionen ging. Ob es falsche Bescheidenheit war oder eine realistische Selbsteinschätzung, von der sich manche Männer ein Stück hätten abschneiden können, kommt auf den Einzelfall an. Sowohl Irmtraud Gutschke als auch die ABF-Absolventin Ruth Weiß berichteten von Situationen in ihrem beruflichen

Werdegang, in denen andere ihnen mehr zugetraut hatten als sie sich selbst – und die anderen hatten Recht behalten.

Das andere Extrem wäre Selbstüberschätzung, wie sie in den Jahrhunderten des Patriarchats eher dem männlichen Geschlecht anerzogen wurde. Emanzipation kann aber nicht darin bestehen, dass Frauen traditionell männliche Verhaltensweisen unkritisch übernehmen und auf dieselbe Weise nach Macht streben. Frauen, die das nicht wollen, haben andererseits nach wie vor das Problem, selten mitreden zu dürfen.

Die neue Frauenbewegung der späten DDR ging davon aus, dass in deren Machtverhältnissen alte, zum Teil soldatische Prägungen eine Rolle spielten, die keine Erfindung der Kommunisten waren, aber in knapp 40 Jahren DDR nicht beseitigt werden konnten. Diese Verhaltensmuster hätten dazu geführt, dass die Prinzipien des demokratischen Zentralismus – von unten nach oben und dann erst von oben nach unten – sehr oft verletzt worden seien.[3] An der Frauenpolitik der DDR kritisierten unabhängige Fraueninitiativen auch die Mehrfachbelastung durch das Leitbild der Frau, die Beruf, Familie, Haushalt, Qualifizierung und gesellschaftliche Aktivität in perfekter Harmonie mit ihrem Ehemann und zwei bis drei Kindern unter einen Hut bekam. Weil dies in der Praxis schwer sei, führe es oft zur Unzufriedenheit mit sich selbst.

Die gezielte Werbung von Frauen für technische Berufe kam bei diesen unterschiedlich gut an. Für Irmtraud Gutschke war es zu viel verlangt: »In der Zeit, als ich zur Schule ging, gab es durchaus solche Kampagnen. Aber ich hatte dazu gar keine Lust – ich empfand es eher ein bisschen als Zumutung, dass nun unbedingt Mädchen den Maurerberuf lernen sollten. Es gab keinen konkreten Druck, das zu tun, aber es wurde über die Medien propagiert, dass es schön wäre, wenn sich die Mädchen mehr für so etwas interessieren würden. Das war gut gemeint, aber es ging an meinen persönlichen Wünschen vorbei. In der Sowjetunion habe ich auch Frauen gesehen, die als Maurer gearbeitet und Häuser hochgezogen haben – und ich fand das nicht besonders toll. Eher fand ich es abstoßend, dass Frauen so schwere Arbeit verrichteten. Ich habe mich gefragt, was die Männer eigentlich machen: Schlafen die oder sitzen die im Chefsessel?«

Gesine Lötzsch, die im Erstberuf Lehrerin für Deutsch und Englisch ist, hat das Werben um Frauen für technische Berufe nicht gestört. Vom Grundsatz her fand sie es richtig. »Diese Kampagnen waren ja auch erfolgreich. Eine Zeit lang ließen sich deutlich mehr Frauen zu Bauingenieuren ausbilden als in Westdeutschland. Das nahm allerdings wieder ab, als es nicht mehr so intensiv gefördert wurde.«

Als ernster und drückender empfanden Frauen in der DDR Probleme, die nicht frauenspezifisch waren. Keine der Gesprächspartnerinnen hatte sich selbst als Gegnerin des Sozialismus gesehen. Ihre Wertvorstellungen waren mit der Idee vereinbar, zum Teil aber nicht mit der Art, wie sie umgesetzt wurde.

Kindheit und Politik

Für die Lehrerin Jutta Seltsam war die frühe Konfrontation der Kinder mit Politik eines der größten Probleme: »Das waren Phrasen, deren Bedeutung wir zum Teil selbst als Erwachsene nicht verstanden haben«, sagt sie. »Und dann sollten wir das den Kindern nahebringen.«

Simone Barrientos-Krauss, die 1963 geboren wurde, fand es gar nicht schlimm, sich als Kind mit Politik zu befassen. Sie hätte sich aber von Erwachsenen mehr Offenheit in der Diskussion gewünscht: »Die Kinder in der Pioniergruppe unserer Schulklasse wollten, dass ich Gruppenratsvorsitzende werde – und ich wollte das auch. Aber die Lehrerin hat ihr Veto eingelegt, weil ich eine große Klappe hatte und immer so viel diskutiert habe. Im Prinzip hat man sich mit mir einen Kritiker herangezüchtet, statt jemanden einzubinden, den man für sich hätte gewinnen können. Denn ich war nicht abgeneigt – ich war als Kind gerne bei den Pionieren und politisch sehr interessiert, auch von zu Hause her. Aber das ging sicher vielen so, gerade den kritischen Geistern, dass sie schnell in eine Ecke geschoben wurden.« Dabei ist sie weit von dieser Ecke entfernt und nach wie vor bekennende Linke.

Jutta Seltsam fragte sich irgendwann: »Woher wollen die denn wissen, dass sie Recht haben?« Als Frau hat sie sich in der DDR nie benachteiligt gefühlt – wohl aber als Heimkind. Kein sexueller Missbrauch, wie sie betont, aber sehr autoritäre Erziehungsmethoden.

Geboren wurde sie 1951 in einem Lehrerhaushalt in Jauernick bei Görlitz. »Direkt im Schulgebäude, es war eine Dienstwohnung.« Heute ist sie überzeugt, dass aus ihr ohne die Grundlagen, die sie bis zum elften Lebensjahr von zu Hause mitbekommen hat, nichts geworden wäre.

Als sie elf Jahre alt ist, stirbt ihre herzkranke Mutter, die zuvor bereits ihren Ehemann gepflegt hat. »Mein Vater hatte schon mit 31 seinen ersten Schlaganfall bekommen – ich denke, es war einfach der Stress der Nachkriegszeit«, sagt Jutta Seltsam. »Er war ein sehr engagierter Mensch und hat daran geglaubt, dass in diesem Teil Deutschlands etwas Vernünftiges aufgebaut werden kann. In dem Dorf, in dem wir lebten, gehörte er zu denen, die mit den Bauern gesprochen haben und sie überzeugen wollten, in die LPG einzutreten. Und diese Bauern sagten mir später, dass sie meinen Vater als sehr aufrichtigen Menschen kennengelernt hätten, der es ehrlich mit ihnen meinte – im Gegensatz zu anderen. Er muss sehr darunter gelitten haben, dass es in der DDR nicht so gelaufen ist, wie er sich das vorgestellt hatte. Ich glaube, dieser Stress hat zu seiner Krankheit beigetragen. Er wurde ins Spital gebracht, aber leider falsch behandelt. Da war ich in der ersten oder zweiten Klasse. Ein Jahr später bekam er einen zweiten Schlaganfall, daraufhin wurde er nie mehr gesund.«

Weiterhin lebt die Familie in einer Dienstwohnung im Schulgebäude – allerdings in einem anderen Ort namens Meuselwitz –, denn die Mutter arbeitet weiterhin als Lehrerin. Zwischen den Unterrichtsstunden pflegt sie ihren halbseitig gelähmten Mann. Außerdem hat sie vier Kinder zu versorgen. »Trotzdem ging sie mit meinem Vater regelmäßig ins Dorfkino, sie stützte ihn und half ihm die Treppe herunter«, erzählt Jutta Seltsam. »Er hatte ja sonst nicht viel Abwechslung.« Eines Tages verkraftet die herzkranke Frau diese Anstrengungen nicht mehr. 1962, am Tag, als Jutta in die fünfte Klasse kommt, verliert sie ihre Mutter. Vom Vater werden sie und ihre Geschwister getrennt, denn er muss ins Pflegeheim, wo er noch bis 1980 lebt. »Ihn hat es am allerschlimmsten getroffen«, sagt sie heute.

Mit ihrer älteren Schwester und ihrem jüngeren Bruder bringt man sie 1962 nach Görlitz ins Kinderheim. Um die jüngste Schwester – noch ein Kleinkind – kümmert sich die Großmutter, die nicht die Energie hat, alle vier Kinder zu versorgen. »Wir kamen in ein Heim, das in so einer roten Backsteinvilla untergebracht war – vom Gebäude her war es toll. Es waren immer 60 bis 70 Kinder dort. Wir wurden dort gleich durchnummeriert – ich hatte damals die Nummer 70. Dann gab es Heimkleidung, in die wir unsere Nummern einsticken mussten. Damit waren wir am Anfang voll beschäftigt. Die eigene Kleidung wurde beiseitegelegt.«

Durch die Heimkleidung fühlt sich Jutta stigmatisiert. Dass Mädchen vorschriftsmäßig Röcke tragen, fällt für sie gar nicht mehr besonders ins Gewicht: »Wir gingen ja zum Glück in eine Schule mit anderen Kindern, die ein Zuhause hatten, aber durch die Kleidung waren wir sofort als Heimkinder zu erkennen. Zwar gab es mal einen rötlichen oder grünlichen Pullover, aber jeder hat gesehen, dass das Heimkleidung war. In den Ferien durften wir zu unserer Großmutter fahren, da trugen wir dann unsere eigenen Sachen. Aber in Schule und Alltag war die Heimkleidung vorgesehen. Wenn man von der Schule ins Heim kam, musste man sich sofort umziehen. Das Kleid für zu Hause war noch hässlicher als die Schulkleidung. Und es gab grundsätzlich keine Diskussion, wenn jemand gesagt hat: ›Ich würde lieber meine eigenen Sachen tragen.‹«

Ein Züchtigungsverbot bestand in der DDR seit 1949 – die BRD begann die körperliche Bestrafung erst ab 1973 abzuschaffen. Aber die Kinderheime wurden diesbezüglich nur selten kontrolliert. »Das passierte hinter verschlossenen Türen. Ich persönlich bin niemals geschlagen worden, aber ich weiß, dass andere Kinder Schläge vom Heimleiter bekommen haben«, sagt Jutta Seltsam. »Wenn sie zum Beispiel schlechte Zensuren hatten oder wenn sie geklaut hatten. Dazu muss ich sagen, dass wir so gut wie nie Süßigkeiten bekamen, obwohl sie in größeren Mengen zur Verfügung standen.«

Ähnliche, zum Teil schlimmere Berichte gibt es aus dieser Zeit auch über westdeutsche Heime, in denen es noch offiziell erlaubt war, Kinder zu schlagen. Aber die Maßstäbe einer sozialistischen Gesellschaft sind andere – und aufgrund dieser juristisch verankerten Maßstäbe wirkt es umso enttäuschender, dass ein Teil der Erwachsenen, denen Kinder anvertraut wurden, sich nicht von dem vermeintlichen Gewohnheitsrecht lösen konnte.

»Einmal hat auch mich eine Strafe getroffen, die ich körperlich als hart empfunden habe«, sagt Jutta Seltsam. »Kinder, die am Wochenende zu Hause gewesen waren, brachten manchmal etwas zu essen mit, was eigentlich verboten war.

Das wurde dann geteilt. Einmal war Fisch mit Mayonnaise dabei, und ich bekam eine Fischvergiftung. Ein anderes Mädchen hatte es auch erwischt. Wir wurden zum Arzt geschickt, und so kam es raus. Krank, wie wir waren, mussten wir die ganze Nacht im Flur stehen. Das habe ich nicht ausgehalten, ich bin ohnmächtig zusammengebrochen.«

Eines Tages schreiben Kinder aus dem Heim einen Brief an Walter Ulbricht, um sich zu beschweren und auf ihre Rechte zu pochen. »Er kam postwendend zurück. Auf der Post werden sie sich gedacht haben: ›Ein Brief an Walter Ulbricht und eine Kinderschrift – das kann ja nichts sein.‹ Danach hatten die Kinder, die ihn geschrieben hatten, natürlich erst recht nichts mehr zu lachen.«

Als junge Lehrerin will sie später in ihrem Bereich dazu beitragen, dass die Gesellschaft besser und menschlicher wird. Die DDR zu verlassen ist für sie kein Thema. Aber mit manchen Gepflogenheiten, die der sozialen Kontrolle dienen sollen, wird sie nie warm: »Es gab zum Beispiel die Möglichkeit, sich bei Schulproblemen der Kinder oder bei Konflikten mit ihnen an den Betrieb der Eltern zu wenden. Aber diese Möglichkeit habe ich nie genutzt. Das fand ich ganz unmöglich.«

Mutter mit 17 im Männerberuf

Simone Barrientos-Krauss verlegt heute Bücher und arbeitet als Sprecherin für Bühne und Hörfunk. Beruflich hat sie schon einige Neuorientierungen hinter sich. Um 1980 sei in der DDR durchaus noch von Männer- und Frauenberufen die Rede gewesen – zumindest umgangssprachlich –, bestätigt sie mir. »Während meiner Lehre als Elektrikerin war ich schon Mutter, ich hatte mit 17 meinen Sohn bekommen und lernte im Bahnbetriebswerk Neustrelitz.«

Dass es ein »Männerbetrieb« ist, hat für sie Vor- und Nachteile: »Die Betriebe waren verpflichtet, in diesen klassischen Männerberufen ein kleines Kontingent an Lehrstellen für Frauen bereitzuhalten, sofern sich Frauen dafür interessierten. In meinem Jahrgang war ich aber die Einzige. In der Lehre hätte ich eigentlich im ersten Jahr 60 und im zweiten Jahr 90 Mark bekommen. Aber als ich dann meinen Sohn hatte, wurde das von der Gewerkschaft automatisch auf 450 Mark aufgestockt.«

Simone, die zu diesem Zeitpunkt 50 Mark Miete zahlt, kann die Aufstockung gut gebrauchen. »Das war aber eine betriebsinterne Regelung, die sich der Betrieb nur leisten konnte, weil es ein Männerbetrieb war. Es gab nur wenige Frauen, die das in Anspruch genommen haben. Als ich später beim Konsum in Berlin gearbeitet habe, gab es so etwas nicht. Das hätten die sich gar nicht leisten können. Dort arbeiteten ja überwiegend Frauen.«

Der Nachteil des Bahnbetriebswerks: Keine Kinderkrippe in der Nähe. Die Wege sind lang und kosten sie zusätzlich Zeit, die sie gern mit ihrem Sohn verbringen würde. »Er war sechs Wochen alt und wirklich noch extrem klein, als er in die Krippe kam – und er war nicht nur ein paar Stunden, sondern insgesamt elf Stunden am Tag dort, weil ich einen langen Weg dorthin hatte. Das wirkt sich natürlich auf die Beziehung aus. Da kann schon was kaputtgehen. Natürlich finde ich es nicht schlecht, dass es die Krippenbetreuung gab – was ich bemängle, ist, dass es keine Auswahl gab.«

Nach der Geburt des zweiten Kindes können sich Mütter für ein Jahr von der Arbeit freistellen lassen und erhalten eine Mütterunterstützung in Höhe des Krankengeldes. Nach dem »Babyjahr« haben sie Anspruch auf ihren alten Arbeitsplatz oder eine gleichrangige Stellung. Aber Simone kann von dieser Regelung nicht profitieren. Erst ab 1986 gilt sie schon beim ersten Kind – und sie ist noch in der Ausbildung. »Wenn ich schon mit der Lehre fertig gewesen wäre, hätte ich vielleicht halbtags arbeiten können. Aber das war auch nicht so gerne gesehen. Andererseits – als mein Sohn das erste Jahr hinter sich hatte, war es wunderbar zu wissen, wie er gefördert wird. Die Kinder wurden ja nicht einfach nur untergebracht, die haben viel gelernt. Einiges, was Kinder heute in der zweiten Klasse können, das konnten unsere schon im Kindergarten.«

Als junge Mutter fühlt sie sich oft kontrolliert und gemaßregelt: »Eines Tages hatte der Meister eine unplanmäßige Brigadeversammlung einberufen. Als ich hereinkam, saß neben ihm die Chefin der Kinderkrippe, in der mein Sohn untergebracht war – und ich dachte, was ist denn jetzt los? Da hat die Frau doch die Stirn gehabt, sich beim Meister meiner Brigade zu beschweren, ich würde mein Kind nicht früh genug aus der Kinderkrippe abholen. Der Hintergrund war, dass meine Arbeitszeit um halb vier endete, ich aber meinen Sohn immer erst gegen fünf abholte. In diesem Betrieb gab es nämlich nur Männerduschen. Da ich nach der Arbeit aber genauso verdreckt war wie alle anderen, ging ich nach Hause, um zu duschen und mich umzuziehen, bevor ich meinen Sohn abholte. Die Beschwerde der Krippenchefin wurde natürlich abgeschmettert. Aber solche Sachen gab es – und natürlich kam ich mir da kontrolliert vor.« Anderseits habe letztendlich immer der einzelne Mensch entschieden, sich so oder so zu verhalten: »Die konnte mich einfach nicht leiden.«

Über ihre männlichen Vorgesetzten im Betrieb sagt Simone: »Da gab es auch wieder solche und solche. Ich hatte einen Meister, der mich als Frau sehr gefördert hat, und einen Abteilungsleiter, der mich gehasst hat. Er war der Meinung, dass ich als Frau nur einem Mann den Job wegnehme, während der Meister der Meinung war, dass Frauen genauso viel können wie Männer. Bei den Kollegen war das ähnlich individuell.«

In einem gewissen Rahmen hat sie sich den »Männer-beruf« ausgesucht: »Es war klar, dass jeder eine Lehrstelle bekommen wird, aber nicht, welche. In der Kleinstadt war das Angebot an interessanten Lehrstellen sehr begrenzt; und ich wollte nicht Verkäuferin oder Krankenschwester werden. Keinen dieser typischen Frauenberufe. Sonst wäre noch die Landwirtschaft infrage gekommen, aber da wollte ich auch nicht hin.«

Ihre künstlerische Ader kommt erst viel später zur Gel-tung, aber geweckt wurde sie früh – Simone ist als Kind einer klassischen Tänzerin in Neustrelitz aufgewachsen. »Das Theater gibt es noch, aber die Ballettsparte nicht mehr. Davor war meine Mutter jahrelang beim Folklore-Ensemble Neustrelitz. Es war das DDR-Vorzeige-Ensemble, das auf Auslandstournee ging, um deutsche Folklore in die Welt zu tragen. Währenddessen war ich in einem Kinderheim, das gar nicht typisch für die DDR war – mit katholischen Nonnen. Aber man musste nicht mit in die Kirche. Wenn man nicht wollte, durfte man's lassen. Das galt auch für das Beten vor dem Essen. Aber als Kind findest du das ja span-nend und machst auch mal mit. Eine stramme christliche Erziehung gab es da nicht.«

Von Religionsfeindlichkeit bekommt Simone damals nichts mit, aber sie bemerkt eine gewisse Doppelmoral: »Das Heim hatte einen angeschlossenen Kindergarten und war sehr gut ausgestattet, weil es aus dem Westen versorgt wurde – mit allem möglichen Zeug. Vom Naschzeug bis zum Bastelkram. Deshalb haben auch SED-Bonzen versucht, ihre Kinder in diesen katholischen Kindergarten zu kriegen.«

Homosexualität ist in der mecklenburgischen Kleinstadt Mitte der siebziger Jahre nicht gerade akzeptiert: »Als ich gemerkt habe, dass meine Mutter sich zu Frauen hingezo-gen fühlt, war ich elf«, erzählt Simone. »Später hat mir mal jemand gesagt: Wie kannst du denn vor deiner Mutter Respekt haben? Die lesbische Fotze, von der musst du dir doch nichts sagen lassen. Als sie sich um die Mitgliedschaft in der Partei beworben hat, hing im Theater plötzlich ein anonymer Zettel am Schwarzen Brett, auf dem stand: ›Wir wollen keine Lesben in der Partei‹. Das war fürs Theater schon relativ ungewöhnlich. Oft hatten wir ja auch ein Stück Narrenfreiheit dadurch, dass sie am Theater war und ich ein Zigeunerbalg.« Diese Bezeichnung stört sie damals kaum.

Später fällt ihr etwas auf, das nicht sein kann, weil es nicht sein darf: »Alltagsrassismus in jeder Form. Diese Neonazis, die nach der Wende aufgetaucht sind, die kamen ja nicht aus dem Nichts. Der Rassismus existierte schon vorher in der DDR. Ich denke, er hat den Krieg überlebt – und die DDR hat es nicht geschafft, damit fertig zu werden.«

Beispiele nennt sie reihenweise: »Mein Freundeskreis bestand zu einem großen Teil aus ausländischen Studenten, als ich Anfang 20 war. Im Kindergarten wurde ich mal angesprochen, mein Sohn hätte ja eine blühende Fantasie, der hätte erzählt, bei uns verkehren Neger. Die konnten gar nicht glauben, als ich ihnen sagte, das stimmt. Auf der Straße bin ich mal angespuckt worden; als Negerfotze wurde ich auch mal beschimpft – und das in Berlin. Aber schlimmer war es noch in Neustrelitz, weil es eine Kleinstadt war. In meiner Lehre tauchten eines Tages 15 Angolaner auf, die dort ihre Ausbildung machten. Die konnten nur in Gruppen in die Stadt gehen. Ansonsten wären sie ihres Lebens nicht sicher gewesen.

Selbst auf dem Festival des politischen Liedes habe ich einmal erlebt, wie ein FDJ-Kader besoffen herumpolterte und sich abfällig über die Indios aus Bolivien äußerte. Ich erinnere mich nicht mehr, was er genau gesagt hat. Jedenfalls war es das einzige Mal, dass ich selber jemanden angeschwärzt habe. Ich weiß nicht, was dabei herauskam, aber ich fand sein Verhalten so unmöglich, noch dazu in diesem

Rahmen. Diese Doppelmoral war für mich einer der Gründe, warum ich die DDR verlassen wollte. Es widersprach ganz und gar meinem Empfinden. Einerseits war ich damit aufgewachsen, dass man sich mit aller Welt solidarisieren soll – als Kind war ich voller Sympathie und begeistert von den Solidaritätskampagnen für Angela Davis und Luis Corvalán – und dann das. Das war für mich eine Diskrepanz, mit der ich nicht leben konnte.«

Aus ihrer Sicht ist dies das Ergebnis einer falschen Politik: »Ich glaube, es lag daran, dass man den Kontakt zwischen Ausländern und Deutschen im Alltag verhindert hat. Die Vertragsarbeiter – im Westen hätte man sie Gastarbeiter genannt – wurden ja separat untergebracht. So konnten die Leute ja keinen normalen Umgang damit lernen. Man hätte den Alltagsrassismus nur aufbrechen können, indem man den Umgang normalisiert hätte.«

Ein weiterer Grund, warum Simone schließlich den Ausreiseantrag stellt: »Die Kontrollmechanismen, die ich nicht mehr ertragen konnte. Das wollte ich auch meinem Sohn nicht zumuten, weil ich wusste, dass er ein Freigeist war. Deshalb hätte er in der Schule sicher Probleme bekommen. Als Mutter eines Erstklässlers wurde ich vor die Elternversammlung zitiert, weil mein Sohn in der Schule geäußert hatte, dass er die Mauer ›doof‹ findet, weil er einen Freund in Westberlin hat, den er nicht besuchen kann. Da gab es ein ernsthaftes Gespräch. Mir wurde gesagt, ich hätte ihm beibringen sollen, dass die Mauer überhaupt nicht doof sein kann. Ein Kind bildet sich da natürlich trotzdem seine eigene Meinung. Aber ich hätte ihm anscheinend sagen sollen, er soll so etwas in der Schule nicht erzählen. Dazu war ich aber nicht bereit.«

Politisch aktiv ist sie selbst nicht, hat aber Freunde aus dem Umfeld des Neuen Forums und der Kirche von unten. »Die Stasi war insgesamt dreimal bei mir und wollte mich anwerben. Ich habe dreimal Nein gesagt. Es war immer so ein netter Herr im Anzug mit Aktenkoffer, der ist dreimal freundlich wieder gegangen. Danach war Ruhe. Ich kann nicht ausschließen, dass sie andere unter Druck gesetzt haben, um sie als Informanten zu gewinnen. Mich haben sie nicht unter Druck gesetzt. Als sie zum ersten Mal kamen, habe ich mir da schon ein bisschen Sorgen gemacht. Die Nachbarin unter mir hat eindeutig gespitzelt, die habe ich auch mal mit dem Ohr an meiner Tür erwischt.«

Nach all diesen Erzählungen sitzt sie nachdenklich am Küchentisch. »Das hört sich jetzt an, als hätte ich die DDR ganz scheußlich gefunden«, sagt sie. »Aber das stimmt ja so nicht.« Am ehesten vermisst sie den sozialen Umgang: »Man hat sich besucht, ohne vorher anzurufen – natürlich auch, weil man nicht anrufen konnte. Aber man lief auch nicht Gefahr zu vereinsamen. Die Kinder wurden herumgereicht; es gab überhaupt mehr Leute, die Kinder hatten, dadurch war man in seinem Freundeskreis nicht so isoliert. Und man war als Frau selbständig. Man war nichts Besseres, wenn man verheiratet war. Die eigene Lebenssituation hat sich nicht geändert durch eine Trennung. Man hatte immer noch seinen Job und war immer noch anerkannt. Was DDR-Frauen sehr von Westfrauen unterschieden hat, war ein ausgeprägtes Selbstbewusstsein.«

Zwischen Kirche und Kommunismus

Gab es in der DDR Diskriminierung von Frauen und Mädchen im Alltag? – Jana Frielinghaus, die 1968 geboren wurde, muss kurz überlegen. »Frauen, die alleinstehend waren, wurden mit ›Fräulein‹ angesprochen«, erinnert sie sich. »Als Kind war mir nicht so bewusst, dass das herabsetzend ist. Es war ja auch nicht so gemeint, aber es war halt so üblich. Mein Vater hat mich darauf hingewiesen, dass man das eigentlich nicht macht, sondern Frau sagt.«

Gestört haben sie andere Dinge in der DDR: »Wenn man sich im Staatsbürgerkundeunterricht mal nicht nach Schema F vorbereitet hat – eigenständige politische Äußerungen waren da nicht so hoch angesehen. Allerdings hatte ich auch mal einen sehr guten Staatsbürgerkundelehrer. Er war sehr offen und hat viele Diskussionen zugelassen. Das hat Spaß gemacht, aber es war nicht die Regel. Die meisten waren eher so Nachbeter.« Die DDR-Jugendorganisationen hat sie trotzdem nicht gemieden. »Ja, ich war bei den Pionieren und in der FDJ. Als Pastorentochter hatte ich da keine Probleme. Aber wer sich einer kirchlichen Jugendgruppe anschließen wollte, der wurde schon ziemlich unter Druck gesetzt.« Über ihren Vater sagt sie, er habe vieles intern kritisiert, »aber nicht gegenüber den Westmedien«.

Pfarrer Frielinghaus, der noch vor dem Mauerbau in die DDR übergesiedelt ist, war zuvor in der westdeutschen Friedensbewegung aktiv und gehörte zum Kreis um den ehemaligen CDU-Politiker Gustav Heinemann, der 1950 aus Protest gegen die Wiederbewaffnung als Bundesinnenminister zurückgetreten war. »Obwohl sie keine Kommunisten waren, wurden sie immer als solche beschimpft«, sagt Jana. »Deshalb hat sich mein Vater damit beschäftigt und wollte die DDR kennenlernen. Mit der Zeit ist er ein überzeugter Sozialist geworden. Meine Mutter war ein ganzes Stück jünger und kam 1965, nachdem sie mit einer kirchlichen Jugendgruppe in der DDR gewesen war.« Bereut hätten sie es nicht. »Obwohl meine Mutter dadurch Nachteile hatte – sie hatte im Westen Jura studiert, war auch schon fertig und konnte in der DDR nicht als Anwältin arbeiten.«

Kurz vor ihrem siebten Geburtstag ist Jana mit ihren Eltern aufs Land gezogen. »Tief im Osten der DDR konnte man als Kind in einem Dreihundertseelendorf einiges an

Freiheit und Sozialismus erleben«, schreibt sie später als Redakteurin der »jungen Welt«, als diese schon längst nicht mehr das Zentralorgan der FDJ, sondern eine unabhängige linke Tageszeitung mit Geldsorgen ist.[3]

»Es war schon vor einem Vierteljahrhundert, als ich ein Schulkind war, ruhig im Dorf«, schreibt sie im Jahr 2005. »Wenn man heute durchfährt, sieht man keinen Menschen auf der Straße. Die Kneipe gibt es seit zwölf Jahren nicht mehr, und der Konsum hat gleich 1990 dichtgemacht. Aber die Fußwege sind erneuert worden, und es sieht alles viel ordentlicher aus als früher, viele Häuser sind renoviert. Es zieht mich nicht dorthin zurück. Aber damals war es von einigem Zauber, obwohl es nie ein besonders hübsches Dorf war. Damals schepperte noch die alte Elisabeth mit ihrem Kaltblütergespann über das Kopfsteinpflaster. Sie war wirklich seltsam und kleidete sich, als sei die Zeit so um 1920 stehengeblieben, mit auf Taille geschnittener kurzer Jacke mit vielen Knöpfen und weitem Rock. Ihre dürren, mit verschorften Blessuren übersäten Beine steckten meist in Gummistiefeln. Sie hatte wirres, krauses, mit einigen Metallspangen gebändigtes Haar, von der Gicht entstellte Hände und malte sich lange, nach außen hochgezogene Augenbrauen an. Sie war eigenwillig und mürrisch, sicher einsam, aber selbstbestimmt. Es schien nicht so, als brauchte irgendwer in der LPG objektiv diese Pferde, aber die Frau bekam Transportaufgaben zugewiesen und konnte ansonsten ihre Gäule striegeln und hegen, soviel sie wollte. Und das war ein wirklicher Fortschritt in der Menschheitsgeschichte.«

Nach der zehnten Klasse entschied sich Jana Frielinghaus für die Berufsausbildung mit Abitur. »In der LPG hatte ich vorher schon in den Ferien gearbeitet. So hat es sich ergeben, dass ich dort meine Ausbildung machen konnte. Außerdem war es leichter, auf diese Weise Abitur zu machen, als einen der wenigen Plätze auf der Erweiterten Oberschule zu bekommen. Dazu brauchte man einen Notendurchschnitt von 1,5. Meine Eltern meinten aber, es sei doch gar nicht so schlecht, auch gleich eine Berufsausbildung zu haben. In der LPG hat man viel über Tierhaltung und Ernährung gelernt, natürlich Kühe melken – und im Schweinestall hat man auch mal ein Praktikum gemacht.« Nach drei Jahren hat sie die Hochschulreife und den Facharbeiterbrief. Die Berufsbezeichnung für Frauen wie Männer heißt »Facharbeiter für Tierproduktion«. Kaum eine DDR-Bürgerin stört der Verzicht auf die weibliche Form. Gleiches Können und gleiche Weiterbildungschancen zählen. War die DDR eine Generation weiter in Sachen Gleichberechtigung? – »Ja, im Hinblick auf die Rückschritte seit der Wende würde ich das unterschreiben«, sagt Jana.

1 Hörz, Helga E.: Zwischen Uni und UNO. Erfahrungen einer Ethikerin. Berlin 2009, S. 64.

2 Der Spiegel, 18.8.1969.

3 In einem Land vor unserer Zeit. In: Beilage der jungen Welt, 1.6.2005.

»Stell dir vor, es ist Sozialismus und keiner geht weg«
Wendejahre

Berlin, am 4. November 1989. Angemeldet und genehmigt findet auf dem Alexanderplatz die größte Demonstration in der Geschichte der DDR statt, »die nicht von oben, sondern von unten organisiert worden ist«, wie Rechtsanwalt Gregor Gysi als einer der Redner betont. Die Teilnehmerzahl wird später mit rund einer halben Million angegeben. Ganz genau weiß es niemand, aber der Alexanderplatz ist voll.

Künstlerinnen und Künstler der Berliner Theater haben zu der Großkundgebung aufgerufen. Der Verband der Bildenden Künstler, der Verband der Film- und Fernsehschaffenden und das Komitee für Unterhaltungskunst haben sich angeschlossen. Auch die Oppositionsgruppe Neues Forum hat sich solidarisiert.

Es ist keine Demonstration für die deutsche Wiedervereinigung – vor allem geht es um die Durchsetzung der Artikel 27 und 28 der DDR-Verfassung: Meinungs- und Versammlungsfreiheit. Außerdem wollen die Aufrufer eine ehrliche Selbstkritik von den politisch Verantwortlichen, die diese Grundrechte zuvor beschnitten haben. Mit den personellen Veränderungen im Staatsapparat, die bereits vollzogen wurden, sind sie noch nicht zufrieden.

Egon Krenz, der am 18. Oktober Erich Honecker als Generalsekretär der SED abgelöst hat, wird auf zahlreichen Transparenten mit Hohn und Spott bedacht: »Erst Taten, Egon, dann lächeln«, »Macht die Volkskammer zum Krenz-Kontrollpunkt« und »Reformen, aber unbekrenzt«, heißt es auf Spruchbändern.[1] Von »Gehen ist Silber, Bleiben ist Gold« bis »Mein Vorschlag für den 1. Mai: Die Führung zieht am Volk vorbei« ist jegliche Stimmungslage auf Transparenten zu lesen. Im Flugblatt einer Fraueninitiative steht: »Wir Frauen der lila offensive wollen uns in den Prozess der sozialistischen Erneuerung einmischen.«[2] Sie fordern eine Quotenregelung in allen Bereichen von Politik und Wirtschaft – doch das ist bei dieser Gelegenheit ein Randthema.

Als eine von 27 Rednerinnen und Rednern tritt auch Christa Wolf ans Mikrofon. Oft hat sich die streitbare Nationalpreisträgerin in den letzten 24 Jahren, seit ihrer Rede auf dem 11. Plenum des ZK, in diesem Land ärgern müssen. Oft hat sie sich für Kollegen eingesetzt und gegen kulturpolitische Engstirnigkeit. Das haben ihr viele nicht vergessen.

»Mit dem Wort ›Wende‹ habe ich meine Schwierigkeiten«, sagt sie auf dem Alexanderplatz.[3] »Ich würde von ›revolutionärer Erneuerung‹ sprechen«, schlägt sie vor. »Verblüfft beobachten wir die Wendigen. Im Volksmund ›Wendehälse‹ genannt, die laut Lexikon sich rasch und leicht einer gegebenen neuen Situation anpassen, sich in ihr geschickt bewegen, sie zu nutzen verstehen. Sie am meisten, glaube ich, blockieren die Glaubwürdigkeit der neuen Politik.«

Dann geht sie auf die Orientierungslosigkeit der bisherigen Proteste ein: »Also träumen wir, mit hellwacher Vernunft: ›Stell dir vor, es ist Sozialismus und keiner geht weg.‹ Wir sehen aber die Bilder der noch immer Weggehenden und fragen uns: ›Was tun?‹, und hören als Echo die Antwort: ›Was tun!‹ Das fängt jetzt an, wenn aus den Forderungen Rechte, also Pflichten werden: Untersuchungskommission, Verfassungsgericht, Verwaltungsreform.« Die Zeit ist knapp.

»Es war schön«, sagt Irmtraud Gutschke über diesen Herbst. »Stellen Sie sich vor, plötzlich gingen alle Machtstrukturen zu Boden, Sie haben ein freies Land und können überlegen: Wie soll dieses Land jetzt sein? Wie verwirklichen wir das, was wir schon immer gewollt haben? – Das ist ein toller Augenblick. Insgeheim weiß man natürlich, dass diese rosarote Zeit nicht lange dauert. Aber erst einmal kann man diese Phase auskosten. Für uns Journalisten war es eine wunderbare Befreiung. Wir hatten zum ersten Mal die Möglichkeit, uns so zu äußern, wie wir wollten. Mir fiel sofort auf, wie viel schneller ich schreiben kann, wenn ich mir keine Gedanken machen muss, wie es mein Chef auffasst. Der Chefredakteur meldete sich krank, und wir hatten freie Bahn. Wir wussten natürlich, dass er nicht wirklich krank war. Die kleinen Redakteure konnten sich sofort viel mehr erlauben. Und wir dachten: So, jetzt fängt es an, interessant zu werden. Jetzt wollen wir mal sehen, wie wir das hier hinkriegen. Es wurde offen diskutiert. Es wurde auch gleich ein Redaktionsstatut erarbeitet, das bestimmte Eingriffe in die Texte verbot.

Die Demo am 4. November war überwältigend. Wie diese Menschenmengen Veränderung forderten! Ich wollte natürlich eine andere DDR. Eine Wiedervereinigung war nicht mein Ziel. Die Aufrufer wollten das auch nicht. Aber es gibt ja immer einen Unterschied zwischen den Intellektuellen und den Massen. Denen ging es nicht so sehr um Meinungsfreiheit, die hatten Lust auf die Waren, die sie nur aus dem Intershop kannten. Der Westen versprach den Leuten ja Glück durch Konsum. Wobei die Mehrheit der DDR-Bevölkerung damals wohl nicht daran dachte, dass die DDR der BRD bald eingemeindet würde. Sie wollten Waren aus dem Westen kaufen und reisen können. Der absolute Wunschtraum wäre gewesen, einen Teil seines Lohns in Westgeld zu bekommen, eine DDR-Miete zu zahlen und Reisefreiheit zu haben.«

Am 9. November 1989 verkündet Günter Schabowski vom Politbüro der SED überraschend die Öffnung der Berliner Mauer. Viele haben damit bereits, was sie wollten: Reisefreiheit. Einige fragen sich ernsthaft, wie es nun weitergeht.

»Hexen, Hexen an die Besen«

Am Tag der Grenzöffnung hat der DEFA-Film »Coming Out« in Berlin Premiere. Im Kino International trifft die Schauspielerin Walfriede Schmitt auf Christa Wolf und erzählt ihr von der Idee, ein Frauentreffen zu organisieren, »um in unserem Land etwas zu verändern«. Das Treffen soll spätestens im Februar stattfinden. »Ihr müsst schnell machen, die Dinge überschlagen sich«, sagt Christa Wolf. Sie machen schnell.

»In der gegenwärtigen Situation des gesellschaftlichen Umbruchs spielen die Interessen von Frauen bislang eine untergeordnete Rolle«, steht am 26. November im Aufruf des Initiativkomitees zur Gründung eines autonomen Frauenverbandes der DDR. Die Autorinnen befürchten eine Verschlechterung der sozialen Lage der Frauen sowie »eine erneute Ausgrenzung von Frauen bei wichtigen politischen und ökonomischen Entscheidungen«.[4] Es existiere weder ein öffentliches Bewusstsein darüber noch eine angemessene politische Interessenvertretung von Frauen. In den letzten Jahren sind immer mehr Frauengruppen und -initiativen außerhalb des DFD entstanden. Die Kräfte sollen gebündelt werden.

»Lasst uns deshalb die Initiative ergreifen. Frauen, organisieren wir uns!« In einem gemeinsamen Frauenverband sollen sich sowohl unabhängige Frauengruppen und Frauenvereine als auch die Frauenfraktionen der Parteien und Massenorganisationen sowie einzelne Frauen zusammenschließen. Das geplante Treffen in der Berliner Volksbühne am Rosa-Luxemburg-Platz ist auch als Fest gedacht. Vieles scheint möglich.

Gleichzeitig strickt der westdeutsche Bundeskanzler Helmut Kohl bereits an seinem Ruhm als »Kanzler der Einheit«. Am 28. November 1989 legt der CDU-Politiker ein »Zehn-Punkte-Programm zur Überwindung der Teilung Deutschlands und Europas« vor. Unterdessen werden nächtelang Transparente für das Frauentreffen gemalt: »Hexen, Hexen an die Besen, sonst ist unser Land gewesen«, oder: »Wer sich nicht wehrt, landet am Herd.«

Die Resonanz ist groß: Am Sonntag, dem 3. Dezember 1989, haben sich mehr als 1200 Frauen im großen Saal der Berliner Volksbühne versammelt. Für über 200 mitgebrachte Kinder haben die Techniker der Volksbühne Laufställe, Fernseher, Puppentheater und Wickeltische besorgt.[5] Auch die internationale Presse ist anwesend. Berlin steht im Zentrum der Weltgeschichte; und auch die Basisinitiativen, die später in Vergessenheit geraten, sind jetzt interessant.

Die Räumlichkeiten hat Walfriede Schmitt besorgt, die als Schauspielerin an der Volksbühne beschäftigt ist. Sie verliest auch das »Manifest für eine autonome Frauenbewegung«, in dem vorgeschlagen wird, gemeinsam »für einen modernen Sozialismus auf deutschem Boden in einem gemeinsamen europäischen Haus« einzutreten. Die politische Lage wird in dem von Ina Merkel verfassten Manifest so analysiert: »Die Auflösung des Sozialismus als Gesellschaftssystem scheint unmittelbar bevorzustehen. Auf der anderen Seite leckt man sich schon die Lippen.«

Dann fragt sie, was alle im Saal bewegt: »Wollen wir uns etwa mit den Herren in Bonn wiedervereinigen, die Diktatur des Politbüros durch die Diktatur des Bundeskanzleramts ersetzen? Wiedervereinigung hieße in der Frauenfrage drei Schritte zurück – es hieße überspitzt gesagt: Frauen zurück an den Herd. Es hieße: wieder kämpfen um das Recht auf

Arbeit, kämpfen um einen Platz für den Kindergarten, um die Schulspeisung.«

Stattdessen wollen die Frauen »dieser scheinbar zwanghaft ablaufenden Entwicklung ein alternatives Gesellschaftsmodell entgegensetzen«. Wichtige Eckpunkte sind »Demokratie, Selbstverwaltung und Öffentlichkeit« und »eine ökologische Reorganisation der Wirtschaft«. Obwohl die Frauen den Ernst der Lage erkannt haben, ist die Stimmung festlich und ausgelassen. »Wir wollten alles – und das mit aller Selbstverständlichkeit«, wird Christina Klenner später sagen, die das Treffen in in der Volksbühne miterlebt.[6]

Der Tag endet mit der Gründung des Unabhängigen Frauenverbandes (UFV) der DDR. Ein provisorischer Sprecherinnenrat soll die Repräsentanz am Zentralen Runden Tisch sichern, der am 7. Dezember zum ersten Mal tagt. Vorläufige Sprecherinnen des UFV sind Tatjana Böhm, Walfriede Schmitt und Ina Merkel. Am Tag seiner Gründung tritt zugleich das Politbüro mit Egon Krenz an der Spitze zurück.

Im Dezember 1989 verteilt der UFV ein Flugblatt gegen die geplante Wiedervereinigung, fordert die Eigenständigkeit der DDR und warnt vor der »Kohl-Suppe«. Zu den Hauptargumenten zählen Massenarbeitslosigkeit und die größere ökonomische Abhängigkeit der BRD-Frauen.

»Wir waren für ein Aufeinanderzureformieren der beiden deutschen Staaten«, sagt Christina Klenner. »Einen Anschluss an die BRD oder eine schnelle Wiedervereinigung unter diesen Vorzeichen haben wir abgelehnt, weil wir wussten, dass es die Probleme, die uns beschäftigen, nicht löst. Uns war klar, dass wir dadurch eher noch neue Probleme bekommen. Wir haben Forderungskataloge aufgestellt, um das zu verhindern. Wir wussten, dass jetzt Abwehrkämpfe auf uns zukommen. Es war eine sehr hektische Zeit. Die Freiheit, die wir noch gar nicht richtig gewonnen hatten, war von anderer Seite schon wieder bedroht. Wir haben uns nicht viele Illusionen gemacht, aber die Stimmung war trotzdem kämpferisch.«

Am Zentralen Runden Tisch setzt sich der Unabhängige Frauenverband für die Einhaltung sozialer Standards in beiden deutschen Staaten ein. Tatjana Böhm wirkt dort am Verfassungsentwurf und der Sozialcharta mit. In der Regierung von Hans Modrow wird sie Ministerin ohne Geschäftsbereich. Zur Volkskammerwahl geht der UFV ein Wahlbündnis mit der neu gegründeten Grünen Partei der DDR ein.

Am 25. Dezember 1989 veröffentlicht der »Spiegel« die Ergebnisse einer Meinungsumfrage, in der sich 71 Prozent der DDR-Bürger dafür aussprachen, »dass die DDR ein souveräner Staat bleiben soll«, und nur 27 Prozent für die Wiedervereinigung. 60 Prozent wollen »ein gründlich reformiertes sozialistisches Wirtschaftssystem« – und nur 37 Prozent sind für ein »Wirtschaftssystem ähnlich wie in der BRD«.[7] Beim Vergleich der Bundesrepublik mit der DDR zweifelt in der Umfrage kaum jemand daran, dass hinsichtlich des Lebensstandards, der Industrie, der Wissenschaft und der Technik wie auch im Umweltschutz Westdeutschland überlegen sei. Aber mit nahezu ebenso großer Mehrheit wird Ostdeutschland in Bezug auf die soziale Sicherung, die Gleichberechtigung der Frau und die Versorgung mit Kindergärten und -horten für führend erklärt.

Allerdings liegt zwischen der Umfrage und ihrer Veröffentlichung der legendäre Auftritt von Helmut Kohl vor den Ruinen der Frauenkirche in Dresden. Eine gekonnte Inszenierung, obwohl er nervös ist: »Jeder falsche Zungenschlag wäre sofort in Paris, London oder Moskau als nationalistisch ausgelegt worden«, wird Kohl später betonen. Der westdeutsche Bundeskanzler macht sich Sorgen, dass die Zuhörer, die da schwarz-rot-goldene Fahnen schwenken und »Helmut, Helmut« rufen, als nächstes auf die Idee kommen könnten, die erste Strophe des »Deutschlandliedes« anzustimmen.

Was die Zahl der Jubler bei Kohls Auftritt am 19. Dezember in Dresden angeht, übertreiben die deutschen Medien maßlos. Die Fernsehbilder zeigen eine große, scheinbar unübersehbare Menschenmenge. Die deutsche Presse spricht von rund 100 000 Menschen, amerikanische Journalisten in der »Washington Post« oder im »Wall Street Journal« beziffern die Teilnehmerzahl hingegen auf »mehrere Tausend«.

»Um mich herum standen viele große blonde Männer, die ihre Fäuste in den Himmel stießen und sich in militantem Rhythmus die Seele aus dem Leib brüllten: ›Deutschland! Deutschland!‹«, schreibt der österreichische Journalist Ewald König, der vor der Rednertribüne stand. Weiter hinten sei es hingegen ziemlich ruhig gewesen – keine Spur von Euphorie. »Ich denke, wir schaffen die Einheit«, sagt Helmut Kohl auf dem Weg ins Hotel zu seinen Begleitern.

Bei der Volkskammerwahl am 18. März 1990 erreicht die konservative Allianz für Deutschland – bestehend aus der CDU, der neugegründeten Deutschen Sozialen Union und dem Demokratischen Aufbruch – einen Stimmenanteil von 47,8 Prozent. Das Wahlbündnis aus UFV und der Grünen Partei landet bei zwei Prozent, erhält aber acht Mandate, da keine Fünf-Prozent-Hürde gilt. Alle acht Mandate gehen jedoch nach dem Wahlverfahren an die Grünen, die sich weigern, auch nur ein Mandat an den UFV abzutreten – trotz anders lautender Absprachen, wie Walfriede Schmitt betont: »Die Grünen haben uns über den Tisch gezogen.«[8]

Abwehrkämpfe

Mit den neuen Mehrheitsverhältnissen in der Volkskammer ist der Weg für den Anschluss der DDR an die BRD nach Artikel 23 des Grundgesetzes frei. Die Gesetze der BRD werden in absehbarer Zeit auch auf dem Gebiet der DDR gelten. Für ungewollt schwangere Frauen ist das ein besonders empfindlicher Rückschritt. Im Frühjahr 1990 beginnt der Kampf um das letzte Stück Souveränität.

»Das Thema selbstbestimmte Schwangerschaft schien ein für allemal vom Tisch. Im Bewusstsein der Frauen der DDR hat sich die Selbstverständlichkeit, dass die Frau, und nur die Frau allein entscheidet, ob und wann sie ein Kind austragen möchte, so verfestigt, dass in den Anfängen der Frauenbewegung diese Frage kaum eine Rolle gespielt hat«, schreibt Eva Maleck-Lewy in der Zeitschrift »Die Andere«. »Das sollte sich mit der Diskussion um den Weg zur deutschen Einheit schlagartig ändern.«[9] In der BRD gilt zu diesem Zeitpunkt eine Indikationsregelung, die den Abbruch nur dann von der Strafverfolgung freistellt, wenn eine medizinische, eugenische oder kriminologische Indikation vorliegt, oder die sogenannte Notlagenindikation – aber die Definitionsmacht liegt nicht bei der betroffenen Frau.

Am 22. April findet vor der Volkskammer in Berlin eine Demonstration gegen die Einführung des Paragrafen 218 statt. »Die relativ hohe Teilnehmerzahl wies noch eine Besonderheit auf: Viele jüngere Männer erklärten sich dort mit den Forderungen der Frauen solidarisch. Eine weitere Stärke der Veranstaltung war, dass neben dem Unabhängigen Frauenverband und dem Demokratischen Frauenbund Deutschlands eine ganze Reihe von Personen und gesellschaftlichen Organisationen, Bewegungen und Parteien sich den Frauenforderungen angeschlossen und mit zu der Demonstration aufgerufen hatten.«[10]

Allerdings seien auf der Demonstration auch Frauen aus dem Umfeld der CDU aufgetaucht, »die versuchten, den anderen Frauen ihre Verantwortungslosigkeit vorzuhalten. Zur Unterstützung verteilten sie Hochglanzbroschüren aus dem Ministerium von Frau Lehr und die Anschrift der Geschäftsstelle ›Aktion Rettung ungeborener Kinder‹.«

Am 16. Mai 1990 ändert die Volkskammer für eine Wirtschafts-, Währungs- und Sozialunion die Verfassung. Zwei Tage später wird in Bonn der entsprechende Staatsvertrag unterzeichnet. Am Tag der Ratifizierung, dem 21. Juni 1990, übergeben UFV-Vertreterinnen der Volkskammer die ersten 17 260 Unterschriften gegen die Einführung des Paragrafen 218. Im Staatsvertrag findet sich noch keine Aussage zu diesem Problem.

Ein Ost-West-Frauenbündnis unter Beteiligung des UFV demonstriert am 29. September 1990 in Berlin »für den Erhalt und die Erweiterung sozialpolitischer Errungenschaften der DDR«.[11] Hauptforderungen sind das Recht der Frauen auf ökonomische Selbständigkeit und bezahlte Arbeit und die ersatzlose Streichung des Abtreibungsparagrafen. »Seit Monaten zerreißen sich die Herren ›Wiedervereiniger‹ das Maul über allerpersönlichste Entscheidungen von Frauen«, steht im Aufruf zur Demonstration. »Paragraf 218, eingeführt bei der ersten deutschen Reichsgründung 1871, soll nun den Frauen in der DDR wieder übergestülpt werden.« Es gelingt dem UFV, das Problem auf die Agenda der deutschdeutschen Vereinigung zu setzen.

Am 3. Oktober 1990 verschwindet die DDR von der Landkarte. Im Einigungsvertrag wird der gesamtdeutsche Gesetzgeber beauftragt, bis spätestens Ende 1992 »eine Regelung zu treffen, die den Schutz des vorgeburtlichen Lebens und die verfassungskonforme Bewältigung von Konfliktsituationen schwangerer Frauen« besser gewährleiste, als dies in beiden Teilen Deutschlands der Fall sei. Bis dahin gilt der Paragraf 218 nur im Westen der Republik.

Auf die Frage, was ihr das letzte Jahr gebracht habe, antwortet die UFV-Mitbegründerin Ina Merkel im November 1990: »Eine Desillusionierung, oder wenn man es positiv fassen will, einen neuen Blick auf die Realität.«[12] Über die westdeutsche Frauenbewegung sagt sie, diese habe sich unzweifelhaft um die Entwicklung einer feministischen Theorie und ein feministisches Bewusstsein verdient gemacht. »Aber sie steht heute vor dem Phänomen, dass sich zwar das große I im offiziellen Sprachgebrauch durchzusetzen beginnt, dass sie an den Universitäten Professorinnen für Frauenforschung installieren konnten und in den Kommunen Gleichstellungsbeauftragte – und dass sich dennoch die reale Lage für Frauen in diesem hochindustrialisierten patriarchalischen System verschlechtert hat.«

Als zierliche weißhaarige Frau, die im chilenischen Exil aufdringliche Fernsehreporter mit dem Gartenschlauch abwehrt, wirkt die ehemalige DDR-Volksbildungsministerin Margot Honecker Anfang der neunziger Jahre sympathisch wie nie zuvor. In diesem Augenblick scheinen zwischen ihr und den Aktivistinnen der neuen Frauenbewegung, welche die Hexen an den Besen rief, gar nicht mehr so viele Welten zu liegen.

1 Zimmerling, Sabine und Zeno: Neue Chronik DDR, 2. Folge. Berlin 1990.

2 Gesammelte Flugschriften DDR '90 2/1990. Hrsg. vom ASTA der Technischen Universität Berlin.

3 taz, 9.11.1989.

4 Ebenda.

5 Souveräne Frauenkraft. Interview mit Walfriede Schmitt. In: Neues Deutschland, 27.2.2010.

6 Wir wollten alles. In: junge Welt, 11.12.2009.

7 VEB in Privateigentum? In: Der Spiegel, 25.12.1989.

8 Souveräne Frauenkraft, a.a.O.

9 Die Andere. Unabhängige Wochenzeitung für Politik, Kultur und Kunst, 8.8.1990.

10 Ebenda.

11 taz, 4.9.1990.

12 Die Andere. Unabhängige Wochenzeitung für Politik, Kultur und Kunst, 14.11.1990.

Was bleibt?

In den ersten 20 Jahren nach der DDR hat sich erneut bestätigt, was schon Clara Zetkin wusste – wie sehr nämlich die Frauenfrage Teil der sozialen Frage ist. Vom Lohndumping, das durch die Arbeitsmarktpolitik der letzten Jahre – besonders durch die Sanktionsregeln beim Bezug von Arbeitslosengeld II – staatlich legitimiert und begünstigt wurde, sind Frauen besonders hart betroffen. Bundesweit sind heute zwei Drittel der Beschäftigten im Niedriglohnsektor Frauen. Gut 70 Prozent von ihnen haben eine Berufsausbildung, 8,4 Prozent sogar einen Universitäts- oder Fachschulabschluss.[1] Die Lohnunterschiede zwischen Männern und Frauen sind größer als die zwischen Ost und West: Im Durchschnitt beziehen Frauen in der BRD 23 Prozent weniger Lohn oder Gehalt als Männer.

Interessant ist aber, dass im insgesamt schlechter gestellten Osten der Lohnunterschied zwischen Männern und Frauen kleiner ist als im Westen: Zwar beziehen auch im Osten die Männer mehr Geld pro Arbeitsstunde, aber die Differenz beträgt hier nur fünf Prozent – im Westen sind es 25 Prozent. Was das statistische Bundesamt im November 2009 mitteilte, geht womöglich darauf zurück, dass Ostfrauen häufiger technische Berufe gelernt haben – und dass diese höher bewertet werden als »frauentypische« Berufe. In denen sind Ostfrauen aber besonders schlecht gestellt: Nur 3,89 Euro Stundenlohn gibt es zum Beispiel für eine Friseurin in Thüringen. Der Freistaat meldete 2008 als erstes neues Bundesland eine Arbeitslosenquote unter zehn Prozent, konnte diesen Stand aber nicht lange halten.

Als der Bundesverband Volkssolidarität seinen Sozialreport für das Jahr 2008 vorlegte, sahen die Ostdeutschen laut Umfrage Arbeit als wichtigsten Wert an. Seit der ersten Befragung im Jahr 1990 hatte die Arbeit mit zwölf Punkten am stärksten an Bedeutung gewonnen – sie wurde von 77 Prozent der Befragten als »sehr wichtig« angegeben und lag damit noch vor Familie und sozialer Sicherheit. Beides wurde jeweils von 72 Prozent der Befragten als sehr wichtig beurteilt, Gesundheit von 58 Prozent, Bildung und Wissen von 56 Prozent. Das Leben in einer demokratischen Gesellschaft hoben nur noch 24 Prozent als sehr wichtig hervor. 1990 waren es noch 54 Prozent gewesen.

Auf das Demokratieverständnis ging die Umfrage nicht näher ein. Vermutlich stellten sich die meisten der 2892 Befragten das gängige bürgerliche Demokratiemodell vor, in dem die Politik nicht darüber entscheidet, ob es Arbeitslosigkeit gibt. Sonst wäre das Ergebnis 1990 anders ausgefallen, denn Arbeit war ihnen ja wichtig. In der BRD hatten sie demnach gelernt, dass Demokratie wesentliche Lebensbereiche ausklammert und das Marktgesetz über der Demokratie steht.

Nur 22 Prozent gaben an, sich als »richtige Bundesbürger« zu fühlen. Selbst in der Gruppe der Beamten waren es nur 37 Prozent. Elf Prozent aller Befragten gaben an: »Ich möchte am liebsten die DDR wiederhaben.« Interessant wird diese Prozentzahl aber erst im Zusammenhang mit anderen Umfragen. Dass die DDR nicht mit dem Sozialismus an sich gleichgesetzt wird, hatte zuvor schon das Allensbach-Institut für Demoskopie ermittelt. Im Jahr 2007 stimmten 57 Prozent der Ostdeutschen und 45 Prozent der Westdeutschen der Aussage zu, der Sozialismus sei »eine gute Idee, die bisher nur schlecht umgesetzt wurde«.

Eine Emnid-Umfrage versetzte im Juni 2009 den Ost-beauftragen der Bundesregierung, Wolfgang Tiefensee, in Alarmbereitschaft: 57 Prozent der Ostdeutschen bewerteten die DDR überwiegend positiv. 49 Prozent stimmten der Einschätzung zu, die DDR habe mehr gute als schlechte Seiten gehabt; weitere acht Prozent vertraten die Ansicht, man habe dort glücklicher und besser gelebt als heute. Dagegen meinten 78 Prozent der befragten Westdeutschen, die DDR habe »ganz überwiegend« schlechte Seiten gehabt. Der ostdeutsche SPD-Politiker Tiefensee war froh, wenigstens die Mehrheit der Westdeutschen auf seiner Seite zu haben. Er forderte mehr Aufklärung über die deutsch-deutsche Geschichte, um seine ehemaligen DDR-Mitbürger auf Linie zu bringen – oder ihre Lebenserinnerungen einer kleinen Revision zu unterziehen, um es neutral auszudrücken. Die Befragung zeige, »dass wir in der Aufarbeitung der DDR-Geschichte nicht nachlassen dürfen«, sagte Tiefensee der »Berliner Zeitung«.

Und die »Aufarbeitung« wurde fortgesetzt: Eine TV-Dokumentation jagte die nächste, und der Chefaufklärer Hubertus Knabe, Direktor der Gedenkstätte und ehemaligen Haftanstalt Berlin-Hohenschönhausen, den die »Süddeutsche Zeitung« kritisch als »Missionar« bezeichnet hatte, kam häufig zu Wort. »Ganz am Rande: Die Knäste in Bruchsal, Brackwede oder Münster sehen ähnlich aus«, schrieb die »junge Welt« über den Arbeitsplatz des Gedenkstättendirektors. Nebenbei hatte der sich mit Buchtiteln wie »Die Täter sind unter uns« und »Honeckers Erben« profiliert und war durch Nazivergleiche aufgefallen – vor und nachdem er pikanterweise einen Preis nach dem ehemaligen Nazijuristen Walter Linse benennen wollte, der sich als DDR-Kritiker hervorgetan hatte. Im November 2009 war es endlich so weit: Hubertus Knabe wurde für seine aufklärerischen Leistungen das Bundesverdienstkreuz verliehen.

Die Darstellung der DDR als ausschließlich biederem und autoritärem Staat bei vielen Gedenkfeiern zum 20. Jahrestag des »Mauerfalls« ging auch der Sängerin Nina Hagen zu weit, die bereits Mitte der siebziger Jahre in den Westen übergesiedelt war: »In Ostdeutschland gab es auch ein sehr solidarisches und buntes Leben, das geht in den Medien fast komplett unter«, sagte die 54-Jährige laut dpa am Rande eines Konzerts in Moskau. Im Unterschied zur Bundesrepublik sei ein Großteil der Kleinkunst zwar in Privaträumen abgelaufen: »Aber wie im Westen gab es da Konzerte und Theater sowie Kabarett. Vielleicht werden ja bei den aktuellen Gedenkfeiern die falschen Leute gefragt, oder es hat ein Massenvergessen eingesetzt.«

Die weniger berühmten Frauen aus der DDR waren nach 1990 mit dem Erhalt ihrer individuellen Selbständigkeit beschäftigt – zu sehr, um kollektiv ihre Rechte und soziale Standards zu verteidigen. Laut Sozialreport der Volkssolidarität ist den Ostfrauen Arbeit sogar noch wichtiger als den Ostmännern. Letztere bezeichneten sie zu 75 Prozent als »sehr wichtig«, die Frauen zu 80 Prozent. Sicher auch Ausdruck der Emanzipation und des Stolzes, die eigene Unabhängigkeit bewahren zu wollen – und der Erniedrigung, die mit ihrem Verlust einhergeht. Aber wo bleibt die Qualität der Arbeit und des Lebens, wenn sogar Gesundheit weniger Bedeutung beigemessen wird? Sekundärtugenden wie Fleiß können zwar bei der Emanzipation eine wichtige Rolle spielen, sind aber für sich genommen noch nicht emanzipatorisch – sie erhalten erst dann einen Wert, wenn damit ein bestimmtes Ziel verfolgt wird. Ist das nicht der Fall, können sie auch ganz einfach ausgebeutet werden.

»Wenn Ostfrauen so toll sind, warum sind sie dann so unsichtbar? Warum haben sie die Republik nicht einfach umgekrempelt?«, fragte die Journalistin Simone Schmollack, selbst eine Ostfrau, im September 2009. »Um nicht falsch verstanden zu werden, Ostfrauen sind emanzipiert, selbstbewusst, eigenständig. Aber sie sind nicht aufmüpfig genug, sie haben ihren Vorsprung nicht genutzt. Stattdessen haben sie nach der Wende vor allem jene Eigenschaft eingesetzt, die insbesondere Westmänner an Ostfrauen so schätzen: ihren Pragmatismus. Damit retteten die Ostfrauen zwar ihre Familien, und damit schützten sie vielfach sich selbst vor Arbeitslosigkeit, wenn auch oft unter ihrer Qualifikation. Aber damit verhinderten sie nicht, dass mit der Mauer auch elementare Frauenrechte abgebaut wurden, zum Beispiel das auf Abtreibung. Sie muckten auch nicht auf, als jede Menge prekärer Jobs für Frauen geschaffen wurden. Im Gegenteil, sie begaben sich ja selbst da hinein.«

Nachdem ihnen gerade mit der Aussicht auf einen hohen Lebensstandard die Wiedervereinigung schmackhaft gemacht worden war, kämpften viele nur individuell darum – und viele haben ihre Erwartungen klaglos zurückgeschraubt. Es wäre jedoch falsche Bescheidenheit, sich damit zu begnügen, überhaupt noch Arbeit zu haben. Aus ökologischer Sicht mag ein Umdenken nötig sein, was einen guten Lebensstandard ausmacht, und ob etwa unbedingt das Auto dazugehört. Allerdings geht es hier um Verteilungsgerechtigkeit und menschenwürdige Arbeitsbedingungen; und das ist kein reines Ostfrauenproblem.

Auch die BRD ist seit 1990 nicht gemütlicher geworden; die »Generation prekär« ist ein gesamtdeutsches Phänomen. Vielleicht sollten sich Frauen und Männer in Ost und West mehr wert sein und über Möglichkeiten der kollektiven Gegenwehr nachdenken. Um den Sekundärtugenden wieder einen Sinn zu geben wäre ein gesamtdeutscher, besser noch multinationaler Ruf nach mehr Lebensqualität angebracht.

Lohnt sich unter diesen Umständen überhaupt der Blick in die Vergangenheit? – »Vom Verlierer nicht lernen, heißt verlieren lernen«, so das Motto der ostdeutschen Schriftstellerin Daniela Dahn, als sie 2009 ihr Buch »Wehe dem Sieger« vorstellte. »Der Sozialismus hätte sich nicht zwei, drei Generationen halten können, wenn er nicht in einigen Bereichen auch einen Freiheitsvorsprung gehabt hätte.« Zumindest in einem sehr großen Bereich, der das menschliche Verhalten jeden Tag beeinflusst, hat sie recht: Die Freiheit von Existenzangst könnte auch heute vielen Frauen und Männern viele Demütigungen, vor allem Selbstdemütigungen, ersparen. Und auch die Entscheidung für Kinder würde dadurch in vielen Fällen erleichtert.

Warum diese Freiheit so unterschätzt wurde, ist in Zeiten sozialer Unsicherheit schwer zu verstehen – aber doch leicht zu beantworten. Die Gründe lagen zum Teil außerhalb der DDR – der Nachbar BRD hatte sich während der Systemkonkurrenz von seiner Schokoladenseite gezeigt und auch seiner eigenen Bevölkerung weniger Existenzangst zugemutet. Arbeitslosigkeit war für diejenigen, die sich stark über die Erwerbsarbeit definierten, zwar ähnlich frustrierend wie heute. Aber mit dem Bezug von Arbeitslosengeld oder Sozialhilfe waren weniger Kontrollen, Schikanen und Sanktionen verbunden. Wer zuvor gearbeitet hatte, bekam das meist höhere Arbeitslosengeld und rutschte nicht nach einem Jahr in die Sozialhilfe ab. Wem die Sozialhilfe reichte, der wurde nicht zwangsvermittelt. Wer sich weniger stark über die Erwerbsarbeit definierte und einen Freundeskreis hatte, der das ähnlich sah, konnte dadurch im Vergleich zu heute gut leben. Es gab mehr Nischen für Lebenskünstler, denen viel Freizeit wichtiger war als ein hohes Konsumniveau. Erwerbslosen wurde auch nicht nach einem Jahr durch Anrechnung des Partnereinkommens der Anspruch auf Lohnersatzleistungen gestrichen, was später mit der Einführung der Hartz-IV-Gesetze zahlreiche Frauen in die wirtschaftliche Abhängigkeit von einem Ernährer trieb.

In der alten BRD wurden Menschen am Rande der Gesellschaft ernährt und in Ruhe gelassen. Somit gab es auch weniger Druck auf die Löhne – und wer Arbeit hatte, der musste sich weniger gefallen lassen. Westdeutsche Facharbeiter, die heute rund 50 und arbeitslos sind, hielten das damals zum Großteil für ausgeschlossen.

Existenzangst wurde erst nach 1990 zum Massenphänomen. Sozialabbau, wie er seither im wiedervereinigten Deutschland erfolgt ist, wäre in der alten BRD nicht möglich gewesen; und die Zustände in ärmeren kapitalistischen Ländern wurden von der Mehrheit in der DDR zum Schluss ähnlich verdrängt wie von der Mehrheit im Westen Deutschlands. Verdrängt wurde in der DDR auch das eigene Risiko der Arbeitslosigkeit – schließlich hatten im Osten praktisch alle Erwerbsfähigen eine Berufsausbildung, was im Westen nicht der Fall war.

Dass es in der BRD mehr Frauen gab, die kein eigenes Einkommen hatten, hielten viele DDR-Frauen in erster Linie für eine Willens- und Mentalitätsfrage. Nicht zuletzt, weil das Hausfrauendasein in der Werbung, die sie aus dem Westfernsehen kannten, sehr oft positiv dargestellt wurde. Viele DDR-Bürgerinnen unterschätzten sicherlich die Rahmenbedingungen, unter denen dieses Lebensmodell nicht immer ganz freiwillig gewählt wurde. Der Unabhängige Frauenverband der DDR bewertete die Lage realistischer und warnte deshalb vor einem Anschluss an die BRD. Breitere Kreise vertrauten aber darauf, dass in der BRD letztendlich jeder seines eigenen Glückes Schmied sei und es schon schaffen werde, wenn er nur wollte. Dieses Stimmungsbild zeigte das Ergebnis der Volkskammerwahl im März 1990.

Inzwischen sieht es ganz so aus, als habe die DDR den Frontstaat BRD im Kalten Krieg zu mehr Sozialstaatlichkeit genötigt. Es war keine Nettigkeit, sondern ein unausgesprochener Friedensvertrag im Klassenkampf, ohne den man in der Systemkonkurrenz schlechter abgeschnitten hätte. Die BRD war das Schaufenster des Kapitalismus. Aus weniger vorzeigbaren Ländern kamen die Südfrüchte, die sich auch Arbeitslose in der BRD leisten konnten. Im Schaufenster durfte der Kapitalismus nicht hässlich sein, auch wenn er es stellenweise trotzdem war – aber es traf meist nur die ganz Schwachen, die ihre Rechte nicht kannten, die psychisch Kranken und vom Pech Verfolgten, mit denen sich kaum jemand auf einer Stufe sehen wollte. Deshalb konnte die BRD vor 1990 nicht als abschreckendes Beispiel dienen.

Die Freiheit von Existenzangst schien für viele in der späten DDR nicht gefährdet. Die Beschneidung anderer Freiheiten wurde dagegen als schmerzlich empfunden – und das sind die inneren Gründe, die nur zum Teil von den äußeren zu trennen sind. Mehr Streitkultur, mehr Meinungsfreiheit und weniger Restriktionen in der Kulturpolitik wären möglich gewesen, das hätte dem Sozialismus in der DDR gutgetan und gerade bei den jungen Kreativen eine höhere Identifikation mit ihm geschaffen. In der Frage der Abschottung hatte die DDR weniger Handlungsspielraum, wenn sie nicht ihre eigene Existenz infrage stellen wollte.

»Im Grunde war 1961 schon das Ende abzusehen«, sagt die ND-Journalistin Irmtraud Gutschke. »Der Mauerbau als letzter Ausweg, weil dem Staat die Leute wegliefen. Ein Armutszeugnis, das als Errungenschaft gelten sollte. Lüge. Ohne Einmischung des Westens sich nun ganz auf das Eigene konzentrieren? Der Kalte Krieg ging doch weiter. Und niemand redet heute darüber. Also wissen es viele nicht und würden es kaum glauben, mit welchen nur erdenklichen Mitteln der Westblock den Ostblock bekämpfte und umgekehrt. Die DDR war Vorposten der Sowjetunion, die BRD war Vorposten der USA – und beide Großmächte lagen im Clinch. Das wurde auf unserem Rücken ausgetragen. Hier Atomwaffen, da Atomwaffen – jetzt stehen sie nur noch auf einer Seite. Die sowjetischen Truppen wurden abgezogen, die amerikanischen Truppen sind geblieben. Das darf auch alles nicht vergessen werden. Die DDR schottete sich ab, um nicht auszubluten. Gerade gut ausgebildete Fachkräfte sind gegangen, weil sie sich im Westen bessere Chancen erhofften, und die meisten bekamen sie auch. Nüchtern betrachtet, hätte man, entsprechend der eigenen Theorie, eingestehen müssen: Wenn die sozialistischen Verhältnisse keine entsprechende Produktivkraftentwicklung ermöglichen, dass wir uns wirtschaftlich mit dem Westen messen können, haben wir verloren. Wir hatten schon verloren, als die Mauer gebaut wurde. Leicht gesagt aus heutiger Sicht.«

Anhand der Biografie von Irmtraud Gutschke wird klar, was es für viele Menschen, und insbesondere für Frauen, bedeutet hat, dass das Bildungssystem der DDR fast weitere drei Jahrzehnte existieren konnte: »Als die Mauer gebaut wurde, war ich in der achten Klasse«, sagt sie. »Wenn damals irgendjemand da oben entschieden hätte: ›Wir machen jetzt hier das Licht aus‹, hätte mich das ziemlich erschreckt. Auf so eine tolle Internatsschule wäre ich kaum gekommen. Die hätte Geld gekostet. Das hätten meine Eltern nicht bezahlen können. Diese Schule ist nach der Wende ja auch geschlossen worden. Für jeden Schüler 3000 Mark monatlich, hieß es, würde es kosten, die Schule, inklusive Sanierung, weiterzubetreiben. So viel Geld hätte im Osten niemand aufbringen können – und im Westen gab es schon genügend Internatsschulen für gut Betuchte, die ihre Kinder wohl kaum nach Wickersdorf bei Saalfeld schicken würden.«

Die DDR hat viele gebildete und selbstbewusste Frauen hervorgebracht. Das ist ein bedeutender Teil der Wahrheit.

Das Erbe der DDR ist vielfältig; und mit dem schwierigen Teil dieser Erbschaft hat die Mehrheit der Deutschen noch keinen vernünftigen Umgang gefunden. Aus bürgerlicher Sicht ist es einfach: Allein der Versuch, den Kapitalismus abzuschaffen, war schon ein Fehler. Die einzelnen Verfehlungen sind ein Geschenk für die Propaganda, sollen aber gar nicht in ihrem historischen Kontext untersucht werden – sonst könnte ja herauskommen, dass sie gar nicht originär sozialistisch waren. Für soziale Bewegungen und Menschen, die den Kapitalismus nicht als Ende der Geschichte akzeptieren wollen, ist es nicht ganz so simpel. Selbst wenn sie sich die Alternative ganz anders vorstellen als die DDR.

Sollte es einen weiteren Versuch geben, auf deutschem Boden den Kapitalismus zu überwinden, wird damit nicht weniger Verantwortung und Arbeit verbunden sein. Die Herangehensweisen und Entscheidungsprozesse von Bürgerinitiativen und linken Gruppen, die bisher nur Diskussionsveranstaltungen und Protestaktionen organisiert haben, sind auf diese Situation nicht übertragbar. Deshalb ist das Lernen aus Erfolgen, Fehlern und Niederlagen der Vergangenheit für die Zukunft unverzichtbar.

In mancher Hinsicht wäre die Ausgangssituation komfortabler: Das Problem der deutschen Teilung wird es ohne die entsprechende Vorgeschichte kein zweites Mal geben; und Planwirtschaft würde mit moderner Computertechnologie besser funktionieren als in der Aufbauphase der DDR. Aber andere Probleme, wie die Gefahr der Bürokratisierung, würden sich in ähnlicher Form stellen – und neue Probleme, wie die Bewältigung des ökologischen Umbaus, der im heutigen System eher halbherzig angegangen wird, kämen hinzu.

Die Vision des Vier-Stunden-Tages wäre wohl nicht sofort zu verwirklichen, da die heute vorhandene Erwerbsarbeit nicht einfach nur umverteilt und besser bezahlt werden müsste. Das Stichwort »ökologische Reorganisation der Wirtschaft«, das schon bei der Gründung des Unabhängigen Frauenverbandes der DDR angesprochen wurde, ist mit viel Arbeit verbunden. In allen Bereichen gesellschaftlich sinnvoller Arbeit, an der heute gespart wird, würde ein Fachkräftemangel sichtbar werden – sei es im Bereich der Erneuerbaren Energien, sei es im Bildungsbereich oder in der Kinderbetreuung.

Die Mehrheit der Bevölkerung wird anstelle des bürgerlichen Staates auch keinen Zustand der Gesetzlosigkeit wünschen – vor allem Frauen werden diesen Zustand nicht wollen, weil sie im Zweifel die Leidtragenden wären. In einer postkapitalistischen Gesellschaft würde das Gewaltpotenzial nicht von heute auf morgen auf null sinken; sie wäre nicht in der komfortablen Situation, keinem Menschen etwas verbieten zu müssen. Auch würden zumindest Teile der früheren Eliten versuchen, wieder an die Macht zu kommen.

»Viele Linke wollen den Kommunismus als hedonistische Strandparty verstehen«, bemerkte im Januar 2010 der junge Moderator einer Diskussionsveranstaltung über das Verhältnis der Linken zur DDR. Die Veranstaltung wurde von einer Gruppe junger Berliner organisiert, die das Problem aus erster Hand kennen dürfte: Wenn es um die Bewältigung der Realität auf dem Weg zum fernen Paradies geht, kommt schnell die Angst vor Verantwortung; die Angst davor, die Fehler des Realsozialismus zu wiederholen – oder auch die Angst vor der Unterstellung, man wolle sie liebend gern wiederholen. Deshalb möchten sich einige Linke in gar keiner Form auf den Realsozialismus beziehen, auch nicht im Sinn einer kritischen Analyse von Anspruch und Wirklichkeit.

Viele sind stattdessen wieder beim utopischen Sozialismus gelandet und wollen lieber das Rad neu erfinden, als auf Erfahrungswerten aufzubauen. Entscheidungen nach dem Prinzip des demokratischen Zentralismus lehnen sie ebenso ab wie die Fixierung auf den bürgerlichen Parlamentarismus. Das gilt sowohl für den antikapitalistischen Flügel des Netzwerks ATTAC als auch für große Teile der Friedensbewegung und für Linke, die sich selbst als radikal bezeichnen und in kleineren Gruppen aktiv sind. Bevorzugt werden lose Netzwerke, die Mehrheitsbeschlüsse vermeiden, wo es geht, und Entscheidungen lieber nach dem Konsensprinzip treffen. Kongresse mit zahlreichen Workshops werden durchgeführt, ohne zum Schluss gemeinsam die Ergebnisse auszuwerten und Beschlüsse oder Handlungsempfehlungen daraus abzuleiten.

Hierarchien sind offiziell verpönt – wobei ATTAC noch indirekt Hierarchien eingesteht und vom »Versuch des Abbaus von Hierarchien« spricht. Informell gibt es im gesamten Spektrum der außerparlamentarischen Linken Wortführer – manchmal auch Wortführerinnen – sowie Erfahrungshierarchien und Cliquenwirtschaft, was kaum reflektiert wird. Das Wort »Führung« ist beinahe tabuisiert und wird mit patriarchalischen Verhaltensweisen und Machtmissbrauch in Verbindung gebracht. Das Problem ist aber: Wo es offiziell keine Führung gibt, ist sie als solche auch nicht kritisierbar oder abwählbar. Für Fehler sind im Zweifel alle verantwortlich, oder keiner.

Die Aktiven wollen zwar den Kapitalismus überwinden. Sie sagen aber nicht, wie sie politische Handlungsfähigkeit herstellen wollen, die über gemeinsamen Protest und Abwehrkämpfe hinausgeht, ohne sich nach einem Prinzip zu organisieren, das aus ihrer Sicht überholt und autoritär ist. Aber genau das ist der demokratische Zentralismus nicht, wenn seine Prinzipien eingehalten werden. Allerdings lebt er von Mitdenkerinnen und Mitdenkern – nicht von Abnickerinnen und Abnickern. Sonst kann es kein »von unten nach oben« geben, sondern immer nur die Einbahnstraße von oben nach unten.

»Wenn man die DDR an dem misst, was ihre eigenen Ziele und Ideale waren, muss man sagen: Viele dieser Ziele und Ideale sind – aus welchen Gründen auch immer – mit Füßen getreten, verraten worden«, sagt Irmtraud Gutschke. »Da spürt man im Nachhinein viel Bitterkeit, denn mit den Zukunftsvorstellungen, die man hatte und die sicher utopisch waren, ist es jetzt erst einmal vorbei. Im Wettlauf der Systeme hat der Kapitalismus gesiegt, und die Vorstellung, dass aus den Vorzügen beider Systeme etwas Neues entstehen könnte, ist Illusion. Im Gegenteil: Wir erleben doch, wie soziale Errungenschaften zurückgefahren werden. Warum von den Unterlegenen lernen, denen man immer wieder sagt, wie zurückgeblieben sie sind?

Natürlich leben viele Leute inzwischen besser als in der DDR. Dazu gehöre ich auch. Ich bin froh, jetzt frei arbeiten und schreiben zu können. Aber ich weiß auch, ich habe Glück gehabt. Ich hätte ebenso gut abgewickelt werden können und könnte irgendwo auf der Straße liegen – oder gezwungen sein, einen ganz anderen Beruf auszuüben. Diese Demütigungen sind mit erspart geblieben. Wenn ich heute sehe, wie Hartz-IV-Empfänger ausgegrenzt und entwürdigt werden, denke ich manchmal: Kehrt lieber vor eurer eigenen Tür, als euch jetzt, nach 20 Jahren noch, über Ungerechtigkeiten in der DDR zu mokieren, wo es keine Angst vor Arbeitslosigkeit gegeben hat und keine Kriegsmissionen. Aber gerade unter Linken wird es unabdingbar bleiben, das Scheitern des Sozialismus vor Augen zu behalten und darüber nachzudenken, was schief gelaufen ist.«

Zweierlei Maß: Frauen im Kreuzfeuer der »Stasi«-Hysterie

Ein rationaler und differenzierter Umgang mit der DDR unter Linken setzt eine klare Abgrenzung zur bürgerlichen Perspektive voraus. Linke Politiker mit DDR-Vergangenheit sind häufig Ziel von Kampagnen bürgerlicher Politiker und Publizisten, deren moralische Argumente zum Großteil auf Halbwahrheiten beruhen – oder auf dem Standpunkt, dass schon die Existenz der DDR Unrecht gewesen sei.

Mit Christel Wegner, die 2008 als Mitglied der Deutschen Kommunistischen Partei (DKP) über die Liste der Partei Die Linke in den niedersächsischen Landtag gewählt wurde, traf es allerdings eine Westdeutsche. In einem ARD-Interview im Februar 2008 hatte die Kommunistin sich für eine Vergesellschaftung der Produktionsmittel ausgesprochen und auf explizite Nachfrage auch einem Staat sozialistischer Prägung das Recht auf einen Geheimdienst zugestanden. Das wurde von zahlreichen anderen Medien sofort aufgegriffen und bundesweit zum Skandal. Das Interview, von dem nur wenige Sätze gesendet worden waren, hatte laut Christel Wegner im Original sicher eine Stunde gedauert. Die Interviewte hatte keine Gelegenheit bekommen, die erheblich gekürzte Version vor der Ausstrahlung zu sehen und zu autorisieren. Aus ihrer Mitgliedschaft in der DKP hatte Christel Wegner in ihrem Wahlkreis kein Geheimnis gemacht. In der Linkspartei wurde dies auch erst problematisiert, als ihr verfälschend vorgeworfen wurde, sie wollte das MfS in alter Form wieder aufleben lassen. Die Landtagsfraktion schloss die Abgeordnete daraufhin aus – und bewies damit fehlende Souveränität. Allein das Schlagwort »Stasi« hatte jede sachliche Diskussion auch innerhalb der Linkspartei verhindert.

Im Jahr 2009 wurde Kerstin Kaiser, 1960 in Stralsund geboren, von zahlreichen Medien als »Stasi-Kaiserin« tituliert. Die Fraktionsvorsitzende der Partei Die Linke im Brandenburger Landtag stand damals in Koalitionsverhandlungen mit der SPD. Hubertus Knabe warf der SPD deshalb »Verrat an den Opfern der SED-Diktatur« vor. 1979 hatte sich Kerstin Kaiser im Alter von 18 Jahren bereiterklärt, mit Beginn des Studiums im Ausland dem DDR-Geheimdienst als Ansprechpartnerin und Informantin zur Verfügung zu stehen. Die MfS-Mitarbeiter begründeten ihr Anliegen mit dem Interesse der DDR an der Sicherheit und Zuverlässigkeit ihrer Studenten in der Sowjetunion. Es könne sein, dass Geheimdienste aus dem kapitalistischen Ausland den Kontakt zu den Studenten suchen, hieß es.

»Wer und wie war ich damals, dass ich keine Zweifel hatte?«, schrieb Kerstin Kaiser später in einer selbstkritischen Stellungnahme.[2] »Ich lebte als Kind glücklich, in völliger Sicherheit und Geborgenheit. Meine Eltern hatten durch den Zweiten Weltkrieg sehr viel verloren, auch ihre Heimat. Als Flüchtlingskinder konnten sie dann in der DDR lernen, studieren, arbeiten. Diese Erfahrungen und das damit verbundene Gefühl der Dankbarkeit diesem Staat gegenüber haben sie uns Kindern mitgegeben.«

Über die Zusammenarbeit mit dem Geheimdienst schrieb sie: »Bei den gelegentlichen Treffen mit dem MfS-Mitarbeiter später in Leningrad führten wir Gespräche über mir bekannte und offenbare Fakten. Ich kann sagen: Ich wollte niemanden denunzieren. Nie. Und ich muss aus heutiger Sicht sagen: In dem Moment, da man sich bereiterklärt, Gespräche mit einem Geheimdienst zu führen, nutzt dieses Wollen nichts mehr. Es liegt nicht mehr in der eigenen Hand, ob man jemanden denunziert oder nicht. Einfach deshalb nicht, weil es nicht in der eigenen Hand liegt, was mit den gegebenen Informationen getan wird. Die beste Absicht kann die schlimmsten Folgen haben, denn die Folgen bestimmt der Geheimdienst, nicht die Informantin. Das war, sage ich heute, schon immer so, und es gilt überall.«

Der Koalitionsvertrag mit der SPD kam zustande. An diesem Dokument war vieles problematisch – zum Beispiel, dass keine energiepolitische Wende für Brandenburg eingeleitet und die Option auf neue Braunkohletagebaue offen gelassen wurde –, aber nicht Kerstin Kaisers Vergangenheit.

Die bloße Existenz eines Geheimdienstes, der geheimdiensttypische Dinge tut, sollte zumindest für diejenigen, die andere Geheimdienste nicht kritisieren oder in Frage stellen, keinen Skandalwert haben – es sei denn, sie erkennen den Staat, der diesen Geheimdienst gegründet hat, nicht als souveränen Staat an. Der Nachweis besonderer Untaten, die denen der US-Geheimdienste auch nur nahekommen, dürfte im Fall des DDR-Geheimdienstes schwierig sein.

Linke sollten bei aller Kritik und Selbstkritik die Diskussion aus einer Perspektive führen, die zumindest von der Legitimität des Bruchs mit kapitalistischen Macht- und Eigentumsverhältnissen ausgeht und von der Tatsache, dass die DDR als souveräner Staat völkerrechtlich anderen Staaten gleichgestellt war. Über das allgemeine Staatsverständnis und den Rest könnten sie sich untereinander trefflich streiten. In der Praxis schaffen sie es aber nicht immer, eine klare Trennungslinie zu ziehen. Dabei ist die Perspektive ganz entscheidend: Die bürgerliche Perspektive lädt zur relativierenden Rechtfertigung ein und zwingt manchmal sogar dazu. Die sozialistische verlangt nach anderen Maßstäben; sie hat ein ehrgeizigeres Ziel, als nicht schlechter zu sein als der bürgerliche Staat.

Diskussionen über Demokratie und demokratische Defizite können Linke allerdings auch offensiv führen. Sie müssen nicht warten, bis sie ihnen aufgezwungen werden, indem auf Demokratiemangel in der DDR verwiesen wird.

Und sie können verlangen, dass im Systemvergleich beim Thema Demokratie alle wichtigen Lebensbereiche berücksichtigt werden. Meinungsfreiheit ist eine wichtige Voraussetzung für Demokratie, aber Demokratie ist mehr als nur Meinungsfreiheit. Demokratie ist sogar mehr als Meinungsfreiheit plus Wahlen. Es genügt nicht, wenn die Mehrheit etwas sagen darf, sie muss auch ernst genommen werden und Einfluss auf die Politik haben. Durch Wahlen allein kann das anscheinend nicht gewährleistet werden: Seit Jahren lehnt eine stabile Mehrheit der deutschen Bevölkerung den Afghanistan-Krieg ab. Der Monat April im Jahr 2010 war für die Bundeswehr der verlustreichste seit Beginn der Mission im Jahr 2001.

Neben dem bürgerlichen Demokratieverständnis, das sich in der BRD durchgesetzt hat, gibt es noch andere, zum Teil weitergehende Vorstellungen von Demokratie.

In der Schweiz oder Venezuela und Bolivien gehören heute Volksabstimmungen dazu, auf Kuba zum Beispiel das Wahlrecht ab 16 – und von einem deutschen IG-Metall-Gewerkschafter stammt das Zitat: »Demokratie, das heißt auch Wirtschaftsdemokratie, ist ihrem Wesen nach ein antikapitalistisches Konzept.« Die Selbstverständlichkeit, mit der bürgerliche Parteien Wirtschaft und Arbeitsleben von demokratischen Maßstäben ausnehmen, galt und gilt nicht überall. Mehr Zukunft hat ein emanzipatorisches Demokratieverständnis, das demokratische Verhältnisse in der Wirtschaft und im Arbeitsleben mit einschließt. Auch das Frauenwahlrecht zeigt, wie sehr sich die Vorstellungen von Demokratie im Lauf der Jahrhunderte verändert und weiterentwickelt haben. Es gibt kein logisches Argument, warum gerade das heutige BRD-Modell der Weisheit letzter Schluss sein sollte. Die sinkende Wahlbeteiligung in der BRD kann vielmehr als sinkende Legitimation ihres Demokratiemodells verstanden werden.

Von hellrot bis dunkelrot

Nicht alle Linken fühlen sich der Partei Die Linke verbunden, aber für viele ist sie die einzige Alternative zum Nichtwählen. Außerdem wird sie oft zum Kristallisationspunkt für gesellschaftliche Auseinandersetzungen, die auch außerparlamentarische Gruppen beschäftigen – diese werden aber von den Medien häufiger ignoriert.

Von »Focus«-Chefredakteur Helmut Markwort wird die Linkspartei gern als SED mit neuem Namen dargestellt. Sie ist aber heute so pluralistisch wie kaum eine andere wählbare Partei. Das hat Vor- und Nachteile, ist aber auch logisch, da sie als Zusammenschluss der SED-Nachfolgepartei PDS und der Wahlalternative für Soziale Gerechtigkeit (WASG) Ost- und Westlinke unterschiedlicher Traditionen vereint. Obwohl die Linkspartei keine kommunistische Partei ist, zeigen ihre Wahlerfolge, dass der öffentlich propagierte Antikommunismus an Wirksamkeit verliert, denn sie wird in den Massenmedien deutlich kommunistischer dargestellt, als sie ist.

Mit diesem Image können enttäuschte Sozialdemokraten, die sich seinerzeit der WASG angeschlossen hatten, weil ihnen die SPD zu neoliberal geworden war, noch nicht so recht umgehen. Vielleicht wären die Wahlergebnisse auch noch erheblich besser, wenn antikommunistische Klischees in Teilen der Bevölkerung nicht sehr tief verwurzelt wären. Denn in wichtigen inhaltlichen Fragen, wie in der Ablehnung der Rente mit 67 oder des Afghanistan-Krieges, vertritt die Linkspartei die absolute Mehrheitsmeinung. Bei der Bundestagswahl 2009 gewann sie gegenüber der Vorwahl mehr als eine Million Stimmen hinzu und steigerte ihren Stimmenanteil um 3,2 Punkte auf 11,9 Prozent.

Trotz einiger Schwächen und Unwägbarkeiten ist die Partei Die Linke heute die einzige wirkliche Oppositionspartei im Deutschen Bundestag – sowohl friedenspolitisch in ihrer konsequenten Ablehnung deutscher Kriegseinsätze als auch sozialpolitisch. Wenn die SPD von ihrem neoliberalen Kurs Abstand nimmt, ist der eigentliche Motor die Linkspartei. Aber der Kampf um einen Politikwechsel wird nicht in den Parlamenten entschieden. Ohne den Druck der Straße, der Gewerkschaften und der sozialen Bewegungen sind Linke in den Parlamenten gefährdet, eher sich selbst zu verändern als die Politik. Natürlich gibt es auch Abgeordnete, die gefestigt sind – es sind vor allem diejenigen, die von sich aus intensiven Kontakt zu sozialen Bewegungen oder zur Friedensbewegung halten.

Kommunistinnen und Kommunisten in der Linkspartei haben sowohl in den eigenen Reihen als auch in den Medien mit einer großen Begriffsverwirrung zu kämpfen. »Ich verstehe mich als Kommunistin, weil ich den Kapitalismus überwinden will«, sagte die wirtschaftspolitische Sprecherin der Linksfraktion im Deutschen Bundestag, Sahra Wagenknecht, in einer Fernsehsendung im April 2010. Sie könne sich natürlich auch als Sozialistin bezeichnen, weil der Kommunismus im Sinne von Marx eine ferne Utopie sei – die Alternative zum Kapitalismus heute sei zunächst der Sozialismus.

Im marxistischen Sinn ist die Etappe des Sozialismus eine Art Baustelle für den Kommunismus. Als Sozialisten bezeichnen sich aber in vielen Ländern auch Mitglieder sozialdemokratischer Parteien, die den Kapitalismus gar nicht überwinden wollen. Mit dem Bekenntnis zum langfristigen Ziel des Kommunismus will sich die in der DDR geborene Politikerin davon abgrenzen. Immer wieder auf die negativen Seiten der DDR angesprochen, sagt sie: »Sozialismus bedeutet für mich nicht zurück zur DDR, sondern Sozialismus bedeutet für mich, dass die Wirtschaft eben nicht mehr vom Profit diktiert wird.« Gerade in den Kernbereichen müsse es mehr öffentliches Eigentum geben, um die Wirtschaft nach den Bedürfnissen der Mehrheit ausrichten zu können.

Für die bundesdeutschen Massenmedien war die 1969 geborene Sahra Wagenknecht als Vorstandsmitglied der PDS und Sprecherin der Kommunistischen Plattform bereits interessant, bevor sie Mandate errang – weil da eine junge, gutaussehende Frau von der Mehrheit verfemte Positionen vertrat. Im Sinne der Delegitimierung wäre es besser gewesen, ausnahmslos ältere Männer mit verbittertem Gesichtsausdruck zu präsentieren, die sich so äußerten – aber das Böse in Gestalt einer schönen Frau zog bei den Medienkonsumenten. So trat vielleicht auch der unerwünschte Nebeneffekt ein, dass sich der eine oder die andere inhaltlich überzeugen ließ, denn als Dummchen war Sahra Wagenknecht nicht vorzuführen. Aber in der antikommunistischen Atmosphäre der neunziger Jahre schien die Lufthoheit ihrer politischen Gegner so wenig gefährdet, dass sie betrachtet wurde wie ein schönes exotisches Raubtier hinter Panzerglas.

Am 28. Januar 2010 rechnete Wagenknecht im Bundestag mit der Wirtschafts- und Sozialpolitik der letzten Jahre ab: »Es wird kein Zurück zu einem Modell geben, bei dem die deutsche Wirtschaft jedes Jahr Exportüberschüsse in irrwitziger Größenordnung aufhäuft und gleichzeitig der Binnenmarkt durch Sozialraub und Lohndumping immer mehr ruiniert wird, wo alles Wachstum nur am Export hängt. Ein Zurück zu diesem Modell ist weder wünschenswert noch denkbar.«

In der späten DDR hatte die Rockgruppe Silly gesungen: »Lasst die Bordkapelle spielen, S.O.S., einen Walzer mit Gefühlen, S.O.S. Fresst und sauft und saut und fresst, S.O.S.« Leider starb die Leadsängerin Tamara Danz 1996 an Krebs und konnte die BRD in Zeiten der Weltwirtschaftskrise nicht mehr mit einem ähnlichen Endzeit-Song kommentieren.

Stattdessen verlangte Sahra Wagenknecht in der besagten Bundestagsrede einen Kurswechsel: »Wenn die jahrelange Enteignung der Beschäftigten Kaufkraft und Konsum nach unten gedrückt hat, ist es dann wirklich eine so fernliegende Idee, all die barbarischen Gesetze zurückzunehmen, die genau diesen Lohnraub ermöglicht haben, ganz vorn die Liberalisierung der Leiharbeit und natürlich auch den mit Hartz IV verbundenen Zwang zur Annahme auch noch der letzten Hungerlohnjobs?«

In der DDR geborene Frauen sind in der Linkspartei und in ihren Leitungsgremien nicht nur gut repräsentiert – schon deshalb ist es nicht die SED mit neuem Namen –, sondern sie sind auch Wortführerinnen bei strategisch wichtigen inhaltlichen Debatten. Während Sahra Wagenknecht für Vollbeschäftigung durch allgemeine Arbeitszeitverkürzung eintritt, wirbt die stellvertretende Parteivorsitzende Katja Kipping für ein bedingungsloses Grundeinkommen, das Existenzangst ausschließen und Kreativität freisetzen soll. Für einen hohen Prozentsatz der Ostdeutschen ist dieser Vorschlag gewöhnungsbedürftig, weil Arbeit für sie einen hohen Stellenwert hat, aber auch im Westen stößt er auf geteiltes Echo. Die Argumente der Kritiker sind von unterschiedlicher Qualität.

Katja Kipping, und dem »Netzwerk Grundeinkommen«, geht es nicht primär um ein Recht auf Faulheit. Sie wollen zwar den Arbeitszwang abschaffen und Arbeitsverweigerung nicht mit dem Entzug des Existenzminimums bestrafen. Doch als Vorbild, wie ihnen häufig unterstellt wird, propagieren sie Arbeitsverweigerung nicht. Sie gehen davon aus, dass nur wenige von diesem Recht Gebrauch machen würden, weil die Arbeitswelt sich positiv verändern werde, wenn niemand mehr gezwungen sei, schlechte Arbeitsbedingungen zu akzeptieren.

Katja Kipping sieht es als Transformationsprojekt: »Es ist

zwar keine Garantie dafür, dass der Kapitalismus überwunden wird. Aber zumindest wäre es mit dem Grundeinkommen wesentlich leichter, für mehr Wirtschaftsdemokratie, für Formen von solidarischer Ökonomie zu kämpfen, als in einer Gesellschaft, in der jeder erpressbar ist«, sagte die Linkspartei-Vizechefin dem Fernsehsender ntv.

In einem Debattenbeitrag schrieb sie: »Wer frei von Existenzangst ist, ist in einer besseren Verhandlungssituation. Beschäftigte können somit gegenüber ihrem Chef bessere Arbeitsbedingungen erstreiten. Das Grundeinkommen verwirklicht das Recht auf selbstbestimmte Tätigkeit, denn die Sicherheit eines in jeder Lebenssituation vorhandenen Einkommens erleichtert Existenzgründungen ebenso wie Formen solidarischer Ökonomie.« Frauen, die in dieser Gesellschaft besonders vom Partnereinkommen abhängig seien, werde damit eine selbstbestimmte Entwicklung erleichtert. »Auch sollte die Einführung eines bedingungslosen Grundeinkommens immer im Zusammenhang mit einem gesetzlich garantierten Mindeststundenlohn diskutiert werden.«

Katja Kipping beschreibt das Grundeinkommen auch als »Trojanisches Pferd«, das den Kapitalismus sprengen könnte. Allerdings dürfte sich der Kapitalismus darüber im Klaren sein. Das Trojanische Pferd konnte seinen Zweck nur erfüllen, weil der Gegner nichts von seinem Innenleben ahnte. Wertvoll sind Katja Kippings Debattenbeiträge aber im Hinblick auf das Menschenbild, das Hinterfragen der gängigen Definition von Leistung und die Bewertung gesellschaftlich sinnvoller Arbeit, die heute ehrenamtlich oder in der Familie geleistet wird.

So grenzte sich die Linke-Politikerin vom Vorschlag der Liberalen ab, ein »Bürgergeld« einzuführen, das nicht etwa bedingungslos ausgezahlt werden sollte, sondern als Niedriglohnsubvention gedacht war und zudem noch unter dem soziokulturellen Existenzminimum liegen sollte: »Die FDP und ihr Bürgergeldansatz erkennen nur die Arbeit als Leistung an, die Profit schafft und auf dem Arbeitsmarkt geleistet wird. Diese Tätigkeit ist aber nicht zwangsläufig eine gesellschaftlich sinnvolle Leistung. Außerdem geht mit dieser Vorstellung eine gewaltige Reduktion menschlicher Aktivitäten einher. Ich bin, wie die Philosophin Frigga Haug, der Meinung, dass es vier Tätigkeitsbereiche gibt, die zu einem erfüllten Leben gehören und gleichberechtigt nebeneinander stehen: Erstens Erwerbs-, zweitens Reproduktionsarbeit, drittens Tätigkeit in der Gesellschaft, zum Beispiel politisches Engagement, und viertens die Arbeit an sich selbst, vorstellbar als Weiterbildung und Muße.«

So viel zur Philosophie und zur Arbeitsethik, die der bürgerlichen weit überlegen ist. Nur über den kollektiven Fahrplan zu diesem Lebensmodell herrscht noch Uneinigkeit.

Der lange Weg zur Gleichberechtigung

Die Frage nach Geschlechtergerechtigkeit stellt sich heute parallel zur sozialen Frage. Das Politbüro der SED hatte keine verbindliche Frauenquote – und gilt als eines der besten Beispiele für ihre Notwendigkeit. Aber auch Frauen sind heute nicht ausnahmslos für die Quotierung. Wie wir dazu stehen, hängt meist von individuellen Erfahrungen ab. Wenn Frauen aus Branchen ohne Quotierung mit Männern aus dem quotierten Bereich über Gleichberechtigung diskutieren, prallen Welten aufeinander: Die Frage stelle sich inzwischen andersherum, Frauen würden doch heute ständig bevorzugt, heißt es dann von männlicher Seite. Dagegen machen Frauen, die außerhalb der quotierten Refugien ihre Brötchen verdienen, oft gegenteilige Erfahrungen.

Einerseits kennen viele von uns das Gefühl, als Frau benachteiligt worden zu sein und es nicht beweisen zu können.

In einer westlichen Gesellschaft wird das kaum ein Mann zugeben – im Zweifel auch nicht vor sich selbst. Vorurteile gegen Frauen werden von modernen Männern nicht bewusst gepflegt, sondern fließen von dort, wo sie noch existieren, unbewusst ein, wenn es darum geht, die Fähigkeiten, die Persönlichkeit, die Gesten und die Handlungen einzelner Frauen zu beurteilen. Davor wollen wir uns bei Personalentscheidungen schützen. Andererseits wollen Frauen in wichtigen Positionen auch voll akzeptiert werden – und nicht gleich am Anfang in den Verdacht geraten, sie hätten eigentlich aufgrund ihrer Eignung keine Chance gehabt und wären aufgrund einer Frauenquote bevorzugt worden.

»Die Quote ist natürlich immer nur eine Krücke«, sagt die Linke-Politikerin Gesine Lötzsch. »Aber sie zwingt natürlich auch zum Umdenken. In Norwegen gibt es ja eine gesetzliche Quotenregelung für die Aufsichtsräte der Unternehmen – dort wurde auch erst gesagt, es gebe gar nicht genug Frauen, die das können. Aber dann stellte sich heraus, wenn es den Zwang gibt, dann gibt es auch genug Frauen.« Auf die bei Männern verbreitete Einschätzung, es gebe dadurch bereits massive Benachteiligung von Männern, sagt sie: »Das ist natürlich Quatsch. Frauen müssen immer noch mehr leisten, um anerkannt zu werden.«

Andere Länder, andere Mentalitäten: »Wir haben auch keine Mindestfrauenquote gebraucht, um heute immerhin 47 Prozent Frauen im Parlament zu haben. An den 50 Prozent arbeiten wir noch … Ich denke, dass wir das früher oder später auch erreichen, ohne dafür eine Quote festzulegen«, sagte mir Deborah Azcuy Carrillo, damals Erster Sekretär der kubanischen Botschaft in Berlin, im November 2008. »Die Frauen werden gewählt, weil sie sich die Achtung erkämpft haben. Auf Kuba sind sie vielleicht gerade wegen ihrer Unterdrückung – bis vor wenigen Jahrzehnten – besonders motiviert, den Fortschritt aktiv zu gestalten.«

Die Partei Die Linke hat in ihrer Satzung eine 50-Prozent-Quotierung für die Wahllisten festgelegt. Steht auf der Liste ein Mann auf Platz eins, müssen auf den Plätzen zwei und drei Frauen folgen. In Hessen wurde im Vorfeld der Bundestagswahl 2009 über eine Satzungsänderung diskutiert, weil nur drei Listenplätze als aussichtsreich galten, zwei männliche Abgeordnete aber nach Meinung des Landesvorstands gute Arbeit im Bundestag geleistet hatten, dem sie seit 2005 angehörten. Die Bewerberinnen waren weniger bekannt und hatten bisher noch keine Gelegenheit gehabt, sich auf diesem Parkett zu bewähren.

»Satzungen sind einfach da, um sie einzuhalten«, meinte die stellvertretende Bundesparteivorsitzende Halina Wawzyniak. Inga Nitz, eine der Sprecherinnen des Forums demokratischer Sozialismus der Linkspartei, verlangte mehr Anstrengungen, um weibliche Kandidatinnen entsprechend aufzubauen. Letztendlich wurde die Satzung nicht geändert – und das Wahlergebnis reichte doch für vier Mandate: Sabine Leidig, Wolfgang Gehrcke, Christine Buchholz und Werner Dreibus zogen für Die Linke in den Bundestag ein.

Die Diskussion über die Satzungsänderung war auf sehr hämische Art von den Medien aufgegriffen worden: »Besonders im Westen mangelt es der Linkspartei an qualifizierten Bewerbern, die Frauenquote verschärft dieses Problem«, schrieb der »Tagesspiegel« am 23. März 2009 und giftete weiter: »Neben Christine Buchholz, einer Aktivistin der trotzkistischen Sekte ›Marx 21‹, wollen in Hessen noch eine weithin unbekannte Kasseler Stadtverordnete mit Doppelnamen sowie eine Ex-Funktionärin der DKP in den Bundestag.

Gysi als Vorsitzender der Bundestagsfraktion darf sich darauf einstellen, dass der Anteil von ›zehn Prozent Spinnern‹, den er gelegentlich für seine Truppe angibt, in der nächsten Wahlperiode steigen dürfte.«

Tatsächlich zielte das Ressentiment nicht auf Frauen ab, sondern auf politische Strömungen. In der Politik kann die Debatte über die Frauenquote als Transmissionsriemen für ganz andere Interessen und Winkelzüge missbraucht werden. Das kann für die Frauen, an deren Person sich die Debatte entzündet, sehr unangenehm werden. Die Kandidatinnen brauchen dann starke Nerven. Mit Christine Buchholz und Sabine Leidig traf es Frauen, die der Situation gewachsen waren, denn sie hatten reichlich politische Erfahrung in außerparlamentarischen Bewegungen gesammelt. Das Beispiel zeigt aber, dass diese Erfahrung auch nötig ist. Wenn sie gefehlt hätte, wäre es unverantwortlich gewesen, die Quote um jeden Preis einhalten zu wollen.

Eines lässt sich nicht wegdiskutieren: Quotierung und Chancengleichheit sind zwei Paar Stiefel. Das Hauptargument für die Frauenquote ist die Aufhebung oder Abmilderung gewohnheitsmäßiger Diskriminierung von Frauen. Die Frauenquote soll alte Gewohnheiten aufbrechen und eine Normalität fördern, die Chancengleichheit in Zukunft ermöglicht. Die Befürworterinnen gehen davon aus, dass sie in vielen Bereichen heute noch nicht möglich ist – sei es aufgrund patriarchalischer Vorurteile, die bewusst oder unbewusst in Personalentscheidungen einfließen, oder aufgrund kühler Berechnung, weil Frauen im gebärfähigen Alter als wirtschaftlicher Risikofaktor gelten. Letzteres wäre aber zum Großteil durch eine andere Wirtschafts- und Sozialpolitik zu lösen.

In der DDR galt nicht die Quote, sondern die gesicherte Kinderbetreuung als entscheidend, um die Benachteiligung von Frauen im Arbeitsleben zu verhindern. Alten Gewohnheiten und Vorurteilen konnte die Arbeit der Betriebsfrauenausschüsse entgegenwirken. Natürlich spielte in der DDR auch das vielfach als totalitär gescholtene Primat der Politik eine entscheidende Rolle: Der soziale Fortschritt wurde nicht den Partikularinteressen einer Wirtschaftselite untergeordnet.

Wer den Kapitalismus ablehnt, wird auf Frauen im Topmanagement der Großkonzerne keinen gesteigerten Wert legen. Abgesehen davon, existiert die Frage nach Chancengleichheit aber auch in politischen Parteien, der Wissenschaft und Bildung sowie in Behörden und Betrieben. Diese Bereiche müssen im Hinblick auf die Quote getrennt diskutiert werden. Das Ergebnis muss nicht überall gleich sein, weil auch der Anteil der Bewerberinnen und der Status quo nicht überall gleich sind.

Das will auch Gesine Lötzsch berücksichtigen: »Natürlich kann man nicht in allen Bereichen mit dem Holzhammer 50 Prozent durchsetzen – aber man muss immer sehr genau hinschauen, wenn behauptet wird, es gebe nicht genug geeignete Frauen.« Im Augenblick scheint ihr die Politik noch der durchlässigste Sektor zu sein. »Völlig undurchlässig ist dagegen die Wirtschaft«, sagt sie.

In der Wirtschaft stellt sich die Frage auch anders: Im heutigen System unterliegt die Tätigkeit ihrer Führungskräfte keiner demokratischen Kontrolle von unten. Es geht nicht darum, wie die Beschäftigten den Führungsstil finden. Frauen, die es in die Chefetagen der Großkonzerne geschafft haben, sind keineswegs die natürlichen Verbündeten aller berufstätigen Frauen, sondern werden sich genauso an Lohnkürzungen und Entlassungen beteiligen wie Männer, wenn sie nicht als zu weichherzig abgestempelt werden wollen. Sollte die Wirtschaft einmal demokratisiert werden – was nicht funktionieren wird, ohne hier und da die Eigentumsfrage zu stellen –, werden ganz andere Führungsqualitäten gefragt sein.

Heute stößt der Vorschlag einer Frauenquote nicht nur in den Chefetagen bei vielen Männern auf Unverständnis, sondern auch und gerade bei denen, die keinen sicheren

Posten haben und auf dem Arbeitsmarkt mit Frauen konkurrieren müssen. Geschlechtergerechtigkeit und Generationengerechtigkeit stehen sich hier gegenüber: Die heutige Männergeneration soll den Ausgleich für eine historische Ungerechtigkeit erbringen, die frühere Männergenerationen zu verantworten haben.

Das Hauptargument gegen Frauenquoten sind die objektiv schlechteren Chancen männlicher Bewerber, solange der Frauenanteil im jeweiligen Gremium oder Betrieb weit unter der angestrebten Quote liegt – was entweder der bisherigen Personalpolitik anzulasten ist oder an der tatsächlich geringeren Zahl der Bewerberinnen liegt. Der einzelne männliche Bewerber kann nichts dafür und wird es in den allermeisten Fällen als ungerechte Lösung empfinden.

Solange die Konkurrenz auf dem Arbeitsmarkt sich insgesamt nicht entschärft, werden die meisten Männer wenig Verständnis dafür haben, wenn Frauen bei gleicher Eignung bevorzugt werden, wie es das Gleichstellungsgesetz für den öffentlichen Dienst vorsieht. Deshalb können die Probleme nicht getrennt behandelt werden.

Allerdings gibt es auch »Frauendomänen«, in denen sich die Frage umgekehrt stellt: Ein Blick in die Lehrerzimmer der Grundschulen regt eher zum Nachdenken über eine Männerquote an. Auch die Dolmetscherinnen und Übersetzerinnen stellen rund 80 Prozent in ihrer Berufsgruppe. Eine 50-Prozent-Quotierung dieser Ausbildungs- und Studiengänge würde die Chancen der Bewerberinnen im Vergleich zu denen der Bewerber verschlechtern, solange es weniger männliche Interessenten gibt. Sinnvoll sind daher nur Frauen- und Männerquoten, die in keinem großen Missverhältnis zum Anteil der Bewerberinnen und Bewerber stehen.

Falsch etikettiert: ein Hauch von DDR-Familienpolitik

Ausgerechnet die CDU-Politikerin Ursula von der Leyen hat Kinderkrippen, wie sie in der DDR Normalität waren, in der BRD salonfähig gemacht. Vor allem ihre männlichen Gegner machten die Familienministerin und spätere Arbeitsministerin damals sympathisch. Der Augsburger Bischof Walter Mixa – damals noch nicht offiziell mit dem Vorwurf der Kindesmisshandlung konfrontiert, weswegen er später zurücktreten musste – warf ihr vor, sie wolle Frauen zu »Gebärmaschinen« degradieren, weil sie den Ausbau der öffentlichen Kinderbetreuung forderte.

Frau von der Leyen trat entschlossen auf und machte eine gute Figur. Nur verschwieg die siebenfache Mutter und Karrierefrau, woher ihre fortschrittlichen Ideen ursprünglich stammten. Sie verwies auf Skandinavien: Höhere Geburtenraten, gute Kinderbetreuung, gute Ergebnisse beim Pisa-Test, ganz im Gegensatz zur BRD. Und sie bekam reichlich Gegenwind aus den eigenen Reihen. Aber das alles wurde dann doch nicht so heiß gegessen, wie es gekocht wurde.

Durchgesetzt hat Frau von der Leyen im Jahr 2008 einen Rechtsanspruch auf eine Halbtagsbetreuung für jedes Kind ab dem vollendeten ersten Lebensjahr, der ab 2013 gelten sollte. Allerdings hatte sie beim geplanten Ausbau der Krippenplätze die prekäre Lage auf dem Arbeitsmarkt im Blick und rechnete fest damit, dass nur jede dritte Mutter den Rechtsanspruch überhaupt wahrnehmen würde. Als »Meilenstein« wertete sie ihr Werk trotzdem und betonte, dass es 2007 im Westen Deutschlands nur für jedes zehnte Kind einen Betreuungsplatz gegeben habe. Bundesweit seien für rund 15,5 Prozent der Kinder unter drei Jahren Plätze in Tageseinrichtungen und in der öffentlich finanzierten

Kindertagespflege verfügbar gewesen. Die immer noch vergleichsweise gute Versorgungslage in der ehemaligen DDR hatte den Bundesdurchschnitt auch 17 Jahre nach der Wiedervereinigung noch erheblich aufgewertet.

Im Januar 2010 schlug der Deutsche Städte- und Gemeindebund Alarm, der noch von der großen Koalition beschlossene Rechtsanspruch sei nicht einlösbar. Hintergrund war eine Forsa-Umfrage, die ergeben hatte, dass 66 Prozent der Eltern einen Betreuungsplatz für ihre Kleinkinder wünschten. Der Bund hatte nur den Ausbau auf 750 000 Krippenplätze geplant. Sollten statt 35 Prozent nun zwei Drittel der Kinder betreut werden, wären 1,3 Millionen Plätze nötig.

Die SPD-Politikerin Manuela Schwesig kritisierte die Union scharf: »Viele Kommunen sind finanziell ausgeblutet durch die Steuergeschenke für wenige«, sagte sie einem »Spiegel«-Reporter. »Deshalb haben sie Schwierigkeiten, den Rechtsanspruch ab 2013 überhaupt zu schaffen. Außerdem ist dieser Rechtsanspruch kein Ganztagsanspruch. Damit steht und fällt aber die Möglichkeit für Alleinerziehende, überhaupt der Arbeit nachzugehen. Ein Kita-Platz von acht bis zwölf Uhr hilft jedenfalls nicht viel.«

Die geplanten Reformen in der Kinderbetreuung erweisen sich also doch nur als müder Abklatsch der DDR-Familienpolitik. Selbst wenn die Entfernung von der Firma zur Krippe nur zehn Minuten beträgt, blieben weniger als vier Stunden am Tag für die Erwerbstätigkeit. Entwicklungschancen sind so wohl kaum möglich.

Fallstricke linker Frauenpolitik

Alternativ zur Krippenbetreuung soll es ein von der CSU gefordertes Betreuungsgeld von 150 Euro im Monat für Eltern geben, die ihre Kinder unter drei Jahren zu Hause selbst betreuen. Die sogenannte »Herdprämie« hat im Jahr 2007 einen Kulturkampf ausgelöst, der bis heute auf dem Rücken der einkommensschwachen Eltern ausgetragen wird. Ursula von der Leyen hatte einerseits die Notwendigkeit frühkindlicher Bildung erkannt, aber zugleich materielle Armut verharmlost.

Das Betreuungsgeld verstärke »den Teufelskreis, in dem Kinder, die von zu Hause keine Chance auf frühe Bildung, gute Sprache, wenig Fernsehen, viel Bewegung haben, vom Kindergartenbesuch ausgeschlossen werden, weil ihre Eltern mit 150 Euro lieber ihre Haushaltskasse aufbessern«, warnte die Familienministerin im Sommer 2007 – selbstverständlich ohne handfeste Maßnahmen gegen die Verarmung der Familien vorzuschlagen.

Innerhalb der Linkspartei wurde das Problem ideologisch und weitgehend losgelöst von der Arbeitsmarktsituation und der finanziellen Lage der Familien diskutiert. Das machte es so schwierig, jemandem recht zu geben. Die Ehefrau des damaligen Parteichefs Oskar Lafontaine, Christa Müller, vertrat familienpolitische Ansichten, die der CSU entstammen könnten. Sie halluzinierte vom »Zwang zur Fremdbetreuung«, sprach vom »Arbeitszwang für die Mütter« und erklärte, dass sich jene Kinder »am unwohlsten« fühlten, »deren Eltern beide Vollzeit arbeiten«.

Jörn Wunderlich, familienpolitischer Sprecher der Linksfraktion im Deutschen Bundestag, distanzierte sich sofort und versicherte »Spiegel Online«, Christa Müllers Vorstellungen entsprächen nicht den familienpolitischen Konzepten der Fraktion. Der Linke-Politiker bescheinigte der Saarländerin ein völlig veraltetes Frauenbild, das im »völligen Widerspruch zu den Anforderungen an eine moderne und emanzipatorische Gesellschaft« stehe.

Leider erfolgte die Kritik nicht in einer emanzipatorischen Gesellschaft, sondern in einer Zeit, in der sich die Arbeitsbedingungen der Mehrheit verschlechterten. Deshalb sympathisierten vermutlich einige mit Christa Müllers Äußerungen, ohne das im Geringsten ideologisch zu meinen. Gerade auf Familien, die es wirklich dringend nötig hätten, ihre Haushaltskasse aufzubessern, mussten sie überzeugend wirken. Und auf Frauen, die den Herd zumindest der Kälte des Niedriglohnsektors vorziehen würden. Dagegen war und ist es nicht sehr wahrscheinlich, dass Frauen mit guten Verdienstmöglichkeiten und attraktiven Jobangeboten sich durch 150 Euro von der Berufstätigkeit abhalten lassen würden. Sowohl Christa Müller als auch die meisten ihrer Kritiker argumentierten hier völlig klassenblind.

Allerdings war Christa Müller so wild entschlossen, ihre Ansichten durchzusetzen, dass sie sich reaktionäre Bündnispartner suchte. Ausgerechnet mit Bischof Mixa trat sie auf dem familienpolitischen Kongress der Paneuropa-Union auf, schrieb ein Buch mit dem Titel »Dein Kind will dich« und forderte ein monatliches »Erziehungsgehalt«, das im ersten Jahr 1600 Euro betragen sollte. Die Familien sollten außerdem regelmäßig von Familienberatern besucht werden. Außerhalb des Saarlandes bekam Christa Müller innerhalb der Linkspartei dafür wenig Unterstützung.

Später nutzte Heinz Buschkowsky, Bezirksbürgermeister von Berlin-Neukölln, die Debatte zur Verbreitung von Vorurteilen und stellte die Eltern unter den Generalverdacht, das Betreuungsgeld für Alkohol und Zigaretten auszugeben: »In der deutschen Unterschicht wird es versoffen und in der migrantischen Unterschicht kommt die Oma aus der Heimat zum Erziehen«, sagte der SPD-Mann. Die verleumderischen Parolen dienten angeblich dem Wohl der Kinder, die aus seiner Sicht diesen Milieus entzogen und möglichst früh gefördert werden sollten. Die Eltern, die zum Teil sehr jung sind und noch 40 Jahre oder länger als erwerbsfähig gelten werden, hat der »Sozialdemokrat« schon abgeschrieben.

Aus Gewerkschaftskreisen kam ähnliche Kritik wie vom familienpolitischen Sprecher der Linksfraktion: »Das Betreuungsgeld soll den Anreiz bieten, zu Hause zu bleiben. In der Regel sind es die Mütter, die ein solches Angebot wahrnehmen und sich um die Kinder kümmern – und das widerspricht einer modernen Familienpolitik«, so die DGB-Funktionärin Elke Drewes im Januar 2010. Außerdem stellte sie den Betrag in Relation zu den Lohnforderungen der Gewerkschaften: »150 Euro sind sowieso nur ein Almosen: Fünf Euro pro Tag für die Kindererziehung – das liegt weit unter den wenigstens 7,50 Euro die Stunde, die wir als gesetzlichen Mindestlohn fordern.« Eben deshalb trifft das Wort »Anreiz« auf das Betreuungsgeld nur für Frauen im Niedriglohnsektor zu, die sich dort kaum freier fühlen als zu Hause.

Strategie und Taktik

Die Debatte über das Betreuungsgeld zeigt, dass Frauen- und Familienpolitik nicht rein ideologisch und losgelöst von den realen Verhältnissen diskutiert werden kann. In Wirklichkeit gibt es zwei Konfliktlinien – neben dem Disput zwischen linken und konservativen Bildungsbürgerinnen und Bildungsbürgern besteht ein tiefer Graben zwischen den öffentlich Streitenden und den Betroffenen. Letztere dürften sich ihre Meinung sehr viel pragmatischer bilden. Linke Realpolitik in bürgerlichen Parlamenten ist ein Minenfeld – was nicht heißt, dass Linke die Finger davon lassen sollten. Aber sie sollten immer genau wissen, ob sie gerade Realpolitik machen oder strategische Zielvorstellungen propagieren. Die berufstätige Mutter als Ideal darf nicht zur Stigmatisierung der Mütter führen, die diesem Wunschbild in Zeiten hoher Arbeitslosigkeit nicht entsprechen.

Die Linkspartei hat in diesem Punkt ein Problem mit Strategie und Taktik. Im Paket mit ihren sozialen und wirtschaftspolitischen Forderungen sind ihre frauenpolitischen Positionen zeitgemäß. Allerdings werden diese Positionen von anderen Parteien im Bundestag weitgehend entkoppelt – und so können sie die Lebensqualität von Frauen unterm Strich nicht verbessern. Das gilt auch für die Forderung nach Abschaffung des steuerlichen Ehegattensplittings, das die Linkspartei zu Recht als Relikt konservativer Familienpolitik ansieht. Gleichzeitig ist es aber eine Nische des pragmatischen Überlebens, deren Schließung bei unveränderter Wirtschafts- und Sozialpolitik ein Verarmungsprogramm für zahlreiche Haushalte wäre. Mitunter wird in dieser Nische auch studiert oder promoviert – und leider bestimmt nicht Die Linke, in welchem Kontext solche Nischen geschlossen werden. Deshalb muss sie als Oppositionspartei gut überlegen, wann sie welche Einzelmaßnahmen fordert – und ob sie im Hier und Jetzt einen positiven Effekt hätten.

Realität ist, dass Frauen heute das richtige Leben im falschen suchen müssen und dabei manchmal nach jedem Strohhalm greifen, um ihre materielle Lebenssituation zu verbessern. Emanzipation darf nicht als Forderung der Gesellschaft an die Frau verstanden werden, die sie gefälligst zu erfüllen hat. Das richtige Wort dafür heißt nicht Emanzipation, sondern Anpassung. Die Aufgabe der Linken im Parlament ist es, im Schulterschluss mit den Gewerkschaften dafür zu sorgen, dass der Niedriglohnsektor verschwindet und existenzsichernde Mindestlöhne gezahlt werden. Wenn sich eine Frau bis dahin dem Niedriglohnsektor entziehen will, dann soll sie doch. Ob es ihr zu Hause besser oder schlechter geht, wird nicht in intellektuellen Debatten entschieden.

Hier sollten auch Frauen, die selber das Glück haben, einer Arbeit nachgehen zu können, die ihnen Spaß macht, etwas sensibler gegenüber dem Rest sein. Wer dieses Glück nicht hat, für den oder die stellt sich die Frage anders. Gerade linke Akademikerinnen laufen in diesem Punkt Gefahr, zu sehr von sich selbst auszugehen. Wenn eine Erwerbsarbeit nicht frei und unabhängig macht, weil sie schlecht bezahlt und mit schlechter Behandlung verbunden ist, kann sie nicht als würdige Alternative zum Hausfrauendasein gelten. Solange es solche Arbeitsverhältnisse gibt, ist auch die individuelle Entscheidung der Hausfrau nicht ideologisch zu bewerten.

Heute sind es nicht in erster Linie die Ehemänner oder alte Rollenklischees im privaten Bereich, die weibliche Berufstätigkeit verhindern oder einschränken. Es herrscht auch kein Arbeitskräftemangel wie in den Frühzeiten der DDR. Der Status quo ist umgekehrt: Es fehlt an bezahlter Arbeit – und viele Ehen und Beziehungen leiden eher an Geldmangel als daran, dass der Mann unbedingt der alleinige Ernährer sein will. Er kann es auch oft gar nicht mehr.

Noch ist es eine Minderheit, aber immer mehr Frauen finden sich in der Rolle der Hauptverdienerin wieder. Allerdings sind ihre Haushalte im Durchschnitt schlechter gestellt als die der männlichen Hauptverdiener. Dies war das Ergebnis einer Studie des Wirtschafts- und Sozialwissenschaftlichen Instituts der gewerkschaftsnahen Hans-Böckler-Stiftung, die im Januar 2010 auf der Bundesfrauenkonferenz des Deutschen Gewerkschaftsbundes in Berlin vorgestellt wurde. Demnach ist von 1991 bis 2006 der Prozentsatz der Frauen in Paarhaushalten, die mehr als 60 Prozent des Familieneinkommens erwirtschaften, laut Studie im Westen von 6,3 auf 9,5 Prozent gestiegen – im Osten sogar von 10,4 auf 13,1 Prozent. Im Jahr 2007 war ihr Anteil weiter auf 13,1 Prozent im Westen und auf 18,6 Prozent im Osten angestiegen. Der bundesdeutsche Durchschnitt lag bei 14,1 Prozent.

Der Anstieg ist weniger auf Karrieresprünge der Frauen zurückzuführen als auf den Arbeitsplatzverlust ihrer männlichen Partner. Die Daten, die das Forscherinnenteam ausgewertet hat, stammen aus dem Jahr 2007. Seither ist eine große Anzahl weiterer Arbeitsplätze in der Industrie abgeschafft worden, die zuvor überwiegend mit Männern besetzt waren – der Trend zur unfreiwilligen Hauptverdienerin könnte sich daher noch verstärkt haben.

Nach einer Studie der Familienforscher Katharina Spieß und Hans Bertram will die Mehrheit der Frauen mit schulpflichtigen Kindern gar nicht voll berufstätig sein: 60 Prozent wünschen sich demnach eine Teilzeitstelle. »Zunächst mag es erstaunen, dass die jungen Männer und Frauen sich hinsichtlich der Arbeitsteilung so eindeutig dafür entscheiden, dass im Wesentlichen die Mutter ihre Berufstätigkeit einschränkt«, so die Forscher. »Wenn man allerdings die unterschiedlichen Einkommen von Männern und Frauen betrachtet, ist dies aus kurzfristiger Perspektive eine sehr rationale Entscheidung.«[3] Erst langfristig, vor allem nach Trennungen, erweist sich mancher Teilzeitjob als Falle, weil Entwicklungschancen und Rentenansprüche schlechter sind.

In einem System, das eine gesellschaftlich sinnvolle Verteilung der Erwerbsarbeit möglich macht, wird nach einer hektischen Phase des Anpackens die gesamte Arbeitsethik neu diskutiert werden müssen. Einen wichtigen Ansatz hat Frigga Haug mit der »Vier-in-Einem-Perspektive« bereits geliefert. Dabei kann aber auch herauskommen, dass Menschen zeitweise unterschiedliche Schwerpunkte in diesen vier Tätigkeitsfeldern setzen dürfen. Bis dahin sollten sich Frauen und Männer vom Kapitalismus nicht zu sehr verschleißen lassen.

1 Quelle: Sozio-oekonomisches Panel (SOEP).

2 www.kerstin-kaiser.eu

3 Die Billigkräfte – Eine weibliche Perspektive auf den Niedriglohnsektor. In: Die Zeit, 4.3.2010.

Literaturverzeichnis

Bebel, August: Die Frau und der Sozialismus. Berlin 1990.

Brauns, Nikolaus: Schafft Rote Hilfe! Geschichte und Aktivitäten der proletarischen Hilfsorganisation für politische Gefangene (1919–1938). Bonn 2003.

Brentzel, Marianne: Die Machtfrau. Hilde Benjamin 1902–1989. Berlin 1997.

Dutschke, Gretchen: Wir hatten ein barbarisches, schönes Leben. Rudi Dutschke. Eine Biographie. Frankfurt am Main und Wien 1997.

Gebhardt, Manfred / Küttner, Joachim: Deutsche in Polen nach 1945. München 1997.

Gutschke, Irmtraud: Eva Strittmatter. Leib und Leben. Berlin 2008.

Hörz, Helga E.: Zwischen Uni und UNO. Erfahrungen einer Ethikerin. Berlin 2009.

Kant, Hermann: Das Impressum. Roman. Berlin 1972.

Kirsch, Sarah: Die Pantherfrau – fünf unfrisierte Erzählungen aus dem Kassetten-Recorder. Berlin und Weimar 1973.

Kirsch, Sarah und Rainer: Gespräch mit dem Saurier. Berlin 1965.

Kollontai, Alexandra: Die neue Moral und die Arbeiterklasse. Münster 1975.

Kollontai, Alexandra: Ich habe viele Leben gelebt.
Autobiographische Aufzeichnungen.
Berlin 1980.

Kollontai, Alexandra: Wege der Liebe. Drei
Erzählungen. Frankfurt am Main 1988.

Scholz, Hannelore: Die DDR-Frau zwischen Mythos und
Realität. Zum Umgang mit der Frauenfrage in der Sowjetischen
Besatzungszone und der DDR von 1945 bis 1989. Schwerin 1997.

Strittmatter, Eva: Sämtliche Gedichte. Berlin 2006.

Wolf, Christa: Der geteilte Himmel. Halle/Saale 1963.

Wolf, Christa: Nachdenken über Christa T. Halle/Saale 1968.

Wolf, Christa: Störfall. Nachrichten eines
Tages. Berlin und Weimar 1987.

Zetkin, Clara: Zur Geschichte der proletarischen
Frauenbewegung Deutschlands. Frankfurt am Main 1971.